非洲史学实践

——非洲史学史

[尼日利亚] 埃比戈贝里·乔·阿拉戈 著

郑晓霞 王 勤 胡皎玮 译

张忠祥 郑晓霞 译校

The Practice
of History in Africa

——A History of African Historiography

Ebiegberi Joe Alagoa

上海社会科学院出版社
Shanghai Academy of Social Sciences Press

The Practice of History in Africa

——A History of African Historiography

Ebiegberi Joe Alagoa

Published in 2006 by

Onyoma Research Publications

Port Harcourt, Nigeria

国家社科基金重点项目
"20世纪非洲史学与史学家研究"（14ASS001）
阶段性成果

上海市高原学科世界史建设项目资助

上海师范大学非洲史学研究项目资助

中文版前言

　　非洲和中国都是人类进化和文明的发源地。我非常感谢上海师范大学非洲研究中心,把我这本非洲史学的书翻译成中文。能够参与到21世纪非洲与中国日益增长的亲密关系中,这是我莫大的荣幸。

　　我希望,此书的翻译能成为中国和非洲国家之间相互理解和相互支持的基础。

埃比戈贝里·乔·阿拉戈

尼日利亚哈科特港大学

历史学荣誉教授

2016年4月

原版前言

西方对非洲历史进行研究和编纂的第一波热潮已经消退。对非洲史学口述传统批判性的甚至是悲观的评价基本取代了早期的激情。在非洲内部,在对他们的历史进行有效的重建后,大学生、乡村和城市不断涌现的知识分子群体继续寻找他们自己的历史。

这些可以追溯到古埃及时代的文献,尤其从非洲内部的视角探索非洲史学史。而且,这些文献尝试着概括一个具有不同的史学传统的历史,这一历史可能被确认为从古代到近代一直在这片大陆上延续。

这类野心勃勃的研究课题可能会走向大而全。我们反其道只选择呈现各种思想的框架,以期望能描绘出非洲史学实践的轮廓。我们的目标是编织出篮子的基本结构,而其他的实践者必须在此基本框架下,在大小和形状方面进行他们所需要的不同程度的完善。

埃比戈贝里·乔·阿拉戈

乔巴(Choba),哈科特港(Port Harcourt)

1995年6月

原版致谢

我要感谢所有教过我历史的人，包括我孩提时代的祖母、从村社学校一直到我大学研究生院的老师，在此就不一一列举他们的名字了。

我要感谢哈科特港大学（University of Port Harcourt）的学生，他们被动地倾听我设计和教授的出现在历史学、方法论和历史哲学等课程中并蕴藏在本书中的一些观点。事实上，他们在讨论中提出的问题激发了其中的一些观点。同样地，人文学院的同事们在学院研讨会上启发了我最初几篇文章中的一些想法。

1983—1984年，承蒙J.威廉·富布赖特（J.William Fulbiright）外国奖学金委员会和美国新闻署的资助，我在美国威斯康辛—麦迪逊大学作为富布赖特学者正式开始我的研究工作，而1993—1994年在美国罗德岛州普罗维登斯的布朗大学，进行第二阶段为期五个月的高级富布赖特学者期间开始我的写作。在这两个时段中间，我得以有机会思考某些问题并酝酿我的观点，一个是1989年在德国法兰克福—歌德大学的弗罗贝尼乌斯学院德意志学术交流中心（DAAD）进行为期三个月的访问学者，另外一个是1990年在意大利贝拉角的洛克菲勒基金会研究和会议中心进行为期三个月的驻院学者。

谨此对资助机构和政府，以及那些慷慨提供我设备的大学表示感激，是它们的帮助才让我能全力投入到我的研究中。

埃比戈贝里·乔·阿拉戈

乔巴，哈科特港

1995年6月

目　录
CONTENTS

◀ 第一章　引言　讨论的术语 ▶

"尚未编好的篮筐，搬运不了泥土。"

——尼日利亚内贝族（Nembe）谚语

第一节　定　义

什么是"史学实践和非洲史学史"？这需要从一开始就确定基本原则。最初阶段，我们所下的定义只能基于一个较为宽泛的范围。这些定义甚至会显现出另类风格，因为它们试图包含各种文化和从古代到现代到后现代的各种视角。这些定义并不是从一开始就统领一切，而是去研究、描述和说明，以此来揭示历史事件的真伪。在引入证据时，会进行批判性的评估和鉴别。此外，在本书其他部分会重点讨论详细的区分问题。

对这个研究课题的理解，可以通过从开头或者从结尾任一方向来定义每个标题中的问题而获得。我们可以从结尾部分开始，随着对整体概念的思考而结束。

这个项目是对各种类型历史学的研究。我们认为，历史学包含历史学科的实践，同样也包括历史进程中个人以及群体的经验意识。它包括关于过去意识形态上正式或非正式的观点。它包括在某种文化中恢复过去的资料的技术和方法，对过去事件和行为的本质与结果的思考与推测。我们可能会对了解过去的观点感兴趣，不论是已经还原了的，还是通过业余或专业的历史学家们的工作可以还原的观点。如此，史学史被当做是在哲学与方法论背景下，与历史方法论及历史哲学以及最终与正式的或民间的史学实践共同发展的领域。根据这种观点，实践不但包括历史写作也包括群体的日常生活和行为。

史学史在此处所指的空间，即非洲。在这种语境下"非洲的"并不是假设或强迫给一种或几种不同类型的史学史进行界定，而是意味着在非洲大陆内寻找任何类型和形式的思想与历史实践。非洲在这里仅仅被当做大陆上的地理空间,并不是按照种族或者其他任何类别来划分。民族、文化和历史经验的多样性被视为理所当然,并且可以预见在非洲大陆内外部存在的丰富的思想和交往。

那么,我们对于非洲史学的观点是什么呢?我们关注的是非洲的史学现象的历史。也就是说,史学史在非洲大陆社会中被视为一定时间框架内非洲内部以及与其他外部大陆群体交流时的变化、发展和相互关系。这种历史定位是十分重要的。

《非洲史学实践——非洲史学史》一书代表了一种特殊的历史叙述方法,描绘了非洲大陆从远古时代到现代的社会历史意识。正如该书之名所述,非洲的历史实践,目的是为了阐明一些解释性的定义,使非洲的历史学避免过于自负或另类。因此,我们所指的历史实践是我们在日常生活、风俗习惯、历史传统和社会文化中发现的历史发展过程中所产生的意识,以及历史学家或业余史家所做的正式或非正式的历史记载。

总而言之,此项目致力于构建一个真实的非洲史学体系,可以为非洲史学未来发展提供实用、有效的可能。至少非洲史学可以作为对历史学总体发展的一个贡献而得到肯定;或者从最坏的层面讲,作为某种没有价值的事物而被抨击乃至做出改变。无论如何,以本章开头的谚语所表达的核心,一个篮子首先得造出来,然后才能判断它是否有用。

第二节 条   件

非洲史学史的发展条件要从非洲大陆的历史中寻找。

研究史前史的考古学家和古生物学家,从埃塞俄比亚高地穿过坦桑尼亚奥杜威、肯尼亚到南非和黎凡特(Levant)的峡谷发现的化石,将人类向智人的进化起源向前推进了10万年。[①]显然,第一个会使用简单工具和相关技术的人是在亚非地区诞生的。

此外,埃塞俄比亚高原以及其邻近的尼罗河流经的东非地区,为人类最初的文明曙光的到来创造了条件。古埃及文明诞生于距今5 000多年前,人们聚集在周边受干燥的撒哈拉沙漠影响的土地肥沃的尼罗河谷地区。[②]这一世界上早期的人口汇集地,在其创造的不计其数的开创性贡献中,产生了最早的历史意识。当然,埃及历史包含了数千年来在许多领域里的卓越成就,其中,史学史是研究最少的一个。埃及历史经历了很多阶段,它与包括亚洲、希腊和罗马、阿拉伯,当然还有与非洲相邻的地区接触。埃及历史的这些条件为史学研究提供了希望和可能。

尼罗河流域与底格里斯河和幼发拉底河流域并称为人类最初文明的缔造者，包括最早的文字，即象形文字和楔形文字。连接非洲和亚洲的这些地区，在欧洲广为人知的称呼是古代近东和中东地区，不过近年来更准确的用语是亚非一词。从语言的文化尺度层面来看，亚非语系根植于非洲。在亚非语系大家庭的分类中，只有一个亚洲成员——闪米特语（阿拉伯语和希伯来语），以及四个非洲亚语系（柏柏尔语、古埃及语、非洲之角的库希特语和乍得语）。③埃及创造的一系列源源不断的新事物，有时通过其亚洲伙伴传入古希腊，之后历经了被西欧和美洲接受和排斥的时期。④

北非其他地区的历史与埃及相似，都经历了与中东和地中海地区纷纷扰扰的战争和交流。迦太基人、腓尼基人、罗马人、阿拉伯人和柏柏尔人在历史上的各个时期混居在一起。很明显，这部分的非洲史学是与非洲外部地区民族的史学联系在一起的。

撒哈拉沙漠对于北非地区和撒哈拉以南非洲地区人们的来往是个挑战，但并不代表是彻底的隔绝。随着阿拉伯人占领马格里布以及骆驼的引进，撒哈拉沙漠就成了一片"海洋"，沿途的路线两旁设有"港口"。适宜居住的港口在南部发展成了苏丹（东苏丹，中苏丹和西苏丹）。苏丹南部是西非的几内亚海岸地区，遍布着森林和大草原，或者是荒漠草原王国（加纳、马里、桑海、莫西、阿散蒂、贝宁、约鲁巴、豪萨和卡涅姆—博尔努等），蕴藏着丰富的金矿，盛产各种热带地区的特产。苏丹地区开始成为几内亚南部沿海与阿拉伯／柏柏尔文明以及北部的伊斯兰教影响的交汇点。

由于原始人类遗址的发现，以及早期与埃及和中东的交往，并跨过印度洋与印度和远东地区的交往，使东非在史前史研究中占重要地位。东非沿海地区最终演变成斯瓦希里地区，意味着非洲本土文化与亚洲文化要素的融合。东非同时也是班图人从中非地区向南迁徙的主要据点。

史前班图人集中在中部、东部和南部非洲。最初班图人生活在尼日利亚和喀麦隆共和国的交界地区，之后向南迁徙到刚果盆地和扎伊尔河，最终分布在东非和大部分南非地区。⑤尽管居住点分布很稀疏，但可以明确的是班图人进入之前的地区有更早的居住民，比如布须曼人、霍屯督人和俾格米人。

西欧国家与撒哈拉以南非洲的直接交往开始于葡萄牙人的航海探险活动时期。西欧在非洲地区的扩张最开始是沿着西非的几内亚海岸，接着集中在刚果和安哥拉，并且从17世纪起在南非建立殖民地。在这段时期欧洲人对非洲其他大部分地区的兴趣主要在于黄金、热带农产物和奴隶贸易。19世纪欧洲国家开始利用马克沁机枪所带来的巨大优势寻求在非洲的主导地位,并争夺殖民地。到19世纪末,欧洲的帝国主义在大多数非洲地区建立了殖民统治,除了埃塞俄比亚和利比亚这两个显著的例外。

于是20世纪非洲史学中一个强有力的因素就是欧洲殖民统治的影响。

大约在1960年开始,非洲人民在去殖民化浪潮中取胜重新获得独立并且成立了一批新的国家。这些重大转变也在非洲历史上刻下了印记,最显著的要数基督教的植入以及西方正规教育和西方传统的确立。

20世纪非洲独立国家所确立的制度为"独立""非殖民化"的历史创造了条件,但其发生是处于西方技术和权力主导之下的国际环境。

第三节 传 统

历史环境创造了一系列史学传统。

第一,口述传统。在所有的社会群体中口述的产生都是先于文字。非洲大陆上对此都有共识,甚至在那些精通文字以及外来传统文化占优势的地区也是如此。这首先发生在埃及,之后是马格里布地区,在近代西方殖民统治时期扩展到非洲大部分地区。撒哈拉以南的大多数地区还保留了这一重要传统。

第二,我们要考虑到非洲内部的书写传统,包括源于埃及的象形文字和它的各种形式,从东苏丹的麦罗埃文,到埃塞俄比亚高原的埃塞俄比亚文,以及在非洲之角和西非所使用的其他文字。

第三,北非地区的阿拉伯人口占主要部分,因此,在整个北非地区伊斯兰传统成为当地传统的一部分,也成为东部、中部、西部苏丹和东非斯瓦西里地区的一个影响因素。在中部和西部苏丹,口述传统依然占主导地位,并且有选择地使用部分伊斯兰传统。

第四,早在古希腊和罗马时期,西方传统就已传到北非,在伊斯兰教传统征服并控制埃及之前,它最终在埃及和埃塞俄比亚建立了根基深厚的基督教传统。19世纪,欧洲殖民统治建立时期,西方传统在非洲的影响达到了最高峰。和口述传统一样,西方传统渗透在非洲的各个方面。但和口述传统不一样的是,西方传统是由于西方在全世界的统治地位而成为统一的标准。

我们注意到,非洲历史的这些环境使这些史学传统在任何地方都不是孤立运作的。当代的情况是西方传统向其他所有传统提出挑战试图建立霸权,而在非洲的大部分地区一种或者多种内部传统正全力争夺生存权或争取能够与西方传统及其他传统共存。在北非,占据统治地位的伊斯兰教传统与口述传统一起与入侵的西方传统相抗衡。苏丹地区伊斯兰传统和口述传统相结合,以应对来自西方传统的挑战。同样的情形也发生在东非斯瓦希里地区。在几内亚西非地区和中部以及大部分东部和南部的非洲地区,西方传统都在挑战口述传统。

第四节　步　　骤

我们从以上确认的史学传统的顺序着手:口述传统是首要的最古老以及分布最广泛的传统,其次是非洲内部的书写传统,然后是伊斯兰传统和西方传统。最后,我们以讨论非洲新史学的未来发展的可能作为结束。

◆ 第二章 口述传统 ▶

"我杀死了一头大象"，可能是真的;"我把大象搬到了马路上"，这一定是假的。
——尼日利亚伊科维尔族(Ikwerre)谚语

第一节 定 义

口述传统是所有民族在各个时期都具有的传统,其差异在于各民族在各个时期依赖口述传统的程度,或者是在特定文化中所使用的口述传统的本质不同。比如,在一个群体中,文字的发明会降低人们对口述证据的信赖程度,但这不能消除所有的口述交流信息。这种社会的某些阶层通常保留口述交流,并且在特定的活动领域里,口述交流继续作为保存知识的重要手段。事实上,在书写逐渐变得重要的地区,口述语宝库中的最有价值的素材被转化成文字,因此,即使是处于从属的地位,口述的遗留也与书写传统相结合。这种情况可以在希腊史诗,希伯来《圣经》,以及其他诞生于口述传统的文本中看到。

上述的概括适用于非洲所有史学传统,这些传统都是从它们最初阶段的口述传统中发展而来,并且依然保留着最小限度的口头表达。如今,西方传统的实践者坚持认为书面记录高于一切,而实际上其起源于古希腊和罗马的史学主要是建立在口述材料基础上。西方传统沿着这些线路发展,直到19世纪开始才确定其现在的方向。伊斯兰传统尽管是一种植根于书面表述的传统,在其具有特殊权威的对先知穆罕默德的言行记录《圣训》中仍保留口述方法的使用。史学中口述传统的性质和历史,都可以在非洲史学中得到很好的阐释。

• 形式

口述传统是文化现象中一个十分广泛的范畴,它的形成不是获益于书写而是通过口头表达。在没有文字之前的社会,所有的交流都是通过口头表述,实际上其范畴非常广泛。一些口述形式并不是为了传达历史或者过去的信息,而是为了娱乐或者提供消遣。这些形式的口述表达用专业术语来说叫做口述文学。与任何地方的文学一样,非洲的口述文学种类很多,包括神话、传奇和各种体裁的诗歌。①当然,这些文学传统给历史学家提供了口述社会的资料。但是,针对往事的口述被分成了两类,即口头传说和口述历史。

口述传说特指那些对过去进行报道描述的口头记录,即信息提供者或者讲述者他们自己并不是所描述事件的参与者、见证者或所报道事件的同时代的人。事件描述由一个人传给另一个人,通常经历很长的时间。范西纳(Vansina)在西方传统中对口头传说以及口头传说的方法论对现代历史的构建的定义仍然是一种标准。②新近,范西纳改变了他将口头传说作为研究近代史学的主要原始资料的做法,而是将口述资料本身定义为历史;也就是说,口述资料的传递者本身在他们的群体中发挥了历史学家的作用,而且对他们接收的报道进行阐释。③口述传说的形式依次包含了很多种类型,构成了非洲历史学家的最大兴趣,因为它们包含非洲很多群体几个世纪的历史信息,这些群体除此之外不存在其他可靠的历史档案。

口述历史是指由事件的参与者讲述的对往事的口述见证,或者由事件的见证者或事件发生的同时代的人所讲述。这种情况下,材料的提供者不再是转述他们所接收到的信息,而是作为事件的第一手报道人或对事件进行直接阐释的人。

这些是古希腊罗马的历史学家所推崇的口述报道。近期,欧美的历史学们开始复兴古希腊罗马历史学家们的研究。④

因此,非洲的口述传统,既包括讲述近期或遥远时代事件的口头传说也包括记录同时代事件的口述历史。我们一般认为《荷马史诗》、《圣经》故事和伊斯兰传统的《圣训》、民谣、英雄传说以及许多民族文学传统的叙事诗,都属于口头传说的类别,在书面传统占统治地位的地方,它们被书写记录下来,从口头传说转换成书面传统。从这个意义上可以说口头传说是普遍的传统。口头传说在口述历史的形式中很普遍,因为这种形式的口述传统与书面传统同时存在,并且在所有文化中成为书面传统的补充。

值得注意的是,口头传说还包括文学系统之外保存在人们日常生活中的一些信息模式。这种类型的资料可归类在民间传说或者是民俗学的记录中。在非洲的口述群体中,许多具有历史特征的信息都嵌入在巫术仪式、节日、面具舞蹈、击鼓、雄辩言辞以及各种经济、社会和政治体制和活动中。⑤

第二节　历　史

当然，非洲史学中口述传统的历史始于古埃及。口述传统在埃及史学中的地位最早是由西方史学之父希罗多德记录的，他在第27王朝期间（公元前525—公元前444年）到访过埃及，这是埃及由波斯统治的第一个时期。⑥在这时期，埃及史学已经完全进入书写历史的意识阶段，但伴随着书写实践仍保留口述传统。在纸草纸和纪念碑上的书写记录，主要由祭司记住的口述记录来补充和扩展，或者简化归纳为文字。事实上，希罗多德在不同地方与祭司历史学家探讨时，都面临各种不同版本特征的口述资料。因此，他记录了两份埃及历史的持续时间：

其中一份："祭司给我读了一份写有330位国王名字的记录，与每一代的数目相同，所有的国王都是埃及人，除了第18位是一个埃塞俄比亚人，还有一位国王是埃及女性。"⑦

另外一份记述中祭司陈述："从我所提到第一位埃及国王到最后一位国王划分出341代，并且与每一代相应都有一位国王和一位高级祭司。"⑧

他还记录了一种传说："埃及曾经……被神所统治，神与人类一起生活在地球上。"

在埃及早期历史中，希罗多德还记录了一位叫做尼科（Neco）的埃及国王，曾派遣腓尼基水手环绕非洲航行的传说，航路经印度洋最后从地中海返回。尽管这记录来自只有口述历史实践的传统，希罗多德非常认可非洲埃及的口头传说和亚洲的口头传说。然而正是因为这一点，希罗多德被古希腊罗马的历史学家批评为"谎言之父"，而且直到西方认识"原始居民"之后，他才开始在西方传统中被完全认同。⑨

埃及口述传统的铭文最终在埃及祭司曼涅托（Manetho）所写的历史中，形成最终形式的书写传统，而且显然他是受希腊化时期埃及法老托勒密二世（公元前285—公元前246年）的委托。现在对曼涅托仍知之甚少，除了他是"埃及神殿的高级祭司和抄写员，出生在塞本尼托斯（Sebennytus），居住在赫利奥波利斯（Heliopolis）"。⑩他也被描述成"埃及的曼涅托，获得最高智慧的人"，以及"曼涅托，被希腊文化深刻影响的埃及本土人"。⑪比较清楚的是，曼涅托熟悉埃及象形文字所写的文学、历史记录以及埃及口头传说，并且可以将这些知识转换成亚历山大的希腊人能够理解的史学。正是因为具备如此深厚的知识，曼涅托的《埃及史》超越了希罗多德和其他在他之前的希腊作家所撰写的埃及历史。

遗憾的是，曼涅托的书并没有以真实可信的方式流传下来，只有其他作家引用的一些摘录流传下来，而且摘录主要来自亚历山大的犹太学者，以及之后的基督教学者。他们试图以这些摘录来证明犹太民族的古老历史，并且确立《圣经》的年表。事实上，现在认可的曼涅托对埃及史学的贡献主要在于确立了古埃及历史年表。曼涅托把埃及被亚历山大大帝征服之前的历史划分为30个王朝。在他的书的基础上增加了亚历山大统治希腊时期构成的第31个埃及王朝。曼涅托将第一位国王或法老出现之前的时期，也就是近代埃及学中的早王国时期划分成三个时期：（1）神；（2）半神；（3）亡灵。

根据最近的研究发现，"使用曼涅托的传统作为古埃及历史年表划分的来源，人们越来越质疑其合理性"。⑫但是任何对曼涅托贡献的公正评价都不能忘记他的作品所传播的条件，"只要我们能够从同时代的铭文中证实曼涅托，他的王朝分期就完全是合情合理的……但遗憾的是他的作品流传下来给我们的只有抄本的抄本；虽然保留了朝代的框架，但大多数王室姓名由于原始的希腊文被非埃及的抄写员删改地支离破碎，因为他们不懂这些语言形式，通常不认识这些语言文字，而他所提供的王朝的年代经过多次删改也变得毫无价值……"⑬

在曼涅托撰写《埃及史》时，他所依靠的口述传统已经逐步让位于希腊传统。埃及历史的希腊化时期（公元前332—公元前30年）让位给罗马时期（公元前30年—公元395年），之后是拜占庭时期（公元395—640年），最后是从公元640年开始到如今的阿拉伯或伊斯兰教时期。对埃及宗教的崇拜不复存在，随之一起消逝的是受过教育的祭司阶层和古埃及的文化和传统实践。古埃及传统的元素仅仅残存在未受过教育的农民中、科普特语中以及一些科普特宗教的仪式中。

我们可以看到，在北非其他地区、马格里布和非洲之角地区，口述传统在面对西方基督教传统和伊斯兰教传统的过程中也有着类似的消退。在北非，柏柏尔人逐渐皈依伊斯兰教，但依然继承迦太基的传统文化遗产和当地的基本传统。在埃塞俄比亚，本土化的基督教传统和逐步深入的伊斯兰教传统都吸收了口述传统。类似这样的口述传统和外来传统的同化与融合发生在非洲的很多地方：在东非创建的斯瓦西里传统，中部和西部苏丹的各种不同程度的融合，以及在东苏丹地区持续的冲突。

尽管像安哥拉和南部非洲这些地区的历史被17世纪的大西洋奴隶贸易所中断，以及恰卡·祖鲁·姆菲卡尼（Shaka Zulu Mfecane）革命和19世纪的大迁徙有抹去有关过去的记忆的倾向，撒哈拉以南非洲仍保留了口述传统实践的最后堡垒。19世纪后半叶至20世纪中期，欧洲的殖民政策以及白人殖民者的压力对非洲口述传统的生存造成了极大的挑战。这些以及其他对口述传统的磨难引起了很多讨论。⑭在这里，我们将开始阐述对口述传统中的非洲历史哲学的有关看法。⑮

第三节　哲　学

沿着给哲学本身所提出定义，在口述传统中定义非洲历史哲学是可以实现的。⑯在这种框架下，一种"隐性哲学"（implicit philosophy），即人种哲学、黑非洲传统哲学，或是民族哲学（folk philosophy），与在西方传统中实践的永恒哲学或分析哲学并存。唐普尔（Tempels）、格里奥列（Griaule）和卡加梅（Kagame）都是第一类非洲哲学定义的追随者；而新一批在西方大学接受教育的非洲学者在非洲大学的许多哲学系或在非洲大陆之外实践第二种定义。⑰

西方历史哲学家已经认识到，他们所研究的历史学科正在从一种思辨历史哲学的实践阶段发展到现在的分析或批判阶段。⑱他们直接面对历史事件的发展过程，试图从中发现意义和普遍的规律与模式。当许多近代历史哲学家将这种活动贴上历史哲学的标签时，另外一些历史哲学家像柯林伍德（Collingwood），却以其不是一种二阶的活动而加以拒绝。换句话说，就是历史哲学应该关注史学思想的思想，而不是把历史学家的思想作为关注对象。我们赞同这样的历史观，它意识到学科形成和关注点会发生变化甚至是变革的可能性。我们注意到，实际上柯林伍德意识到了历史哲学发展中的这种变化，并认为这是由于该主题处于社会兴趣的中心而导致的。因此，向柯林伍德呈现的是一种基于科学、神学和语言学的哲学转变为历史哲学，历史学处于西方社会关注的中心。从柯林伍德开始，新的哲学学派开始重新定义历史哲学，近些年来还包括叙述哲学，强调历史文本的独立性。⑲

西方历史哲学的历史发展表明非洲历史哲学的定义要有一个广泛的范畴。它总体上应该包括制度、习俗、惯例、组织和人种所"蕴含"的一切，尤其要将其正确性建立在语言表达和口述文本的基础上。因此，定义非洲历史哲学的任务是探究封存在历史与经验中的非洲思想或智慧。在这样的一个任务里，有必要尽可能地探索被穆迪姆贝（Mudimbe）所称作的"原始非洲文本的多样性和多重性"。⑳

非洲文化与知识的多样性和多重性强调一种区域性方法。我们使用来自尼日利亚的尼日尔河三角洲区域内的文本和范例，并结合尼日利亚和西非其他地区的一些辅助性材料。这种策略与唐普尔、格里奥列和卡加梅的成功实践一致，他们选定非洲某一区域特定群体为非洲的人种哲学或民族哲学提供证明。尽管从一个小的区域概括出非洲的整体十分困难,但是利用口述传统的语料库证明特定的历史哲学思想体系,对非洲历史哲学的整体进行论述这一可能性是相关的。

• 人种学证据

关于尼日尔河三角洲某些社区的世界认知基本是基于历史的。这里,人们的信仰体系本身包含在历史术语中,他们所赖以存在的群体身份基础的一些实体。例如,土地在非洲人看来是一个用来崇拜或敬重的通用对象。与尼日尔河三角洲东部毗邻的尼日利亚东南部的伊博人把土地当作是一种主要的女性精神,他们称之为阿拉(Ala)、阿里(Ali)、阿哪(Ana)或者阿尼(Ani)。在尼日尔河三角洲,土地的精神具体属于"定居的土地",即城市土地(Amakiri,其中,ama意思是"城市",kiri意思是"土地")。这是对建立城市的土地的崇拜,而不是对普通土地的崇拜。因此,城市土地是一种历史实体,与社区的建立和命运保持一种持续密切的关系。

尼日尔河三角洲东部的内贝(Nembe)地区,每个建立的社区都会确定一个以生命之树为标志的场所,标志"造物之地"。这种场所被等同于一个神灵或造物主或命运的本质。这不是普通的术语,而是特指造物之地所在的历史社区或城市。因而,这个神灵被称为"城市创建神"。值得注意的是,在被尼日尔河三角洲信仰体系所认可的其他历史孕育的神灵中,城市守护神是众神之首。城市守护神是尼日尔河三角洲社群中最明显的崇拜事物,在历史传统中具有显著特征,实质上成为各项决策和历史事件的参与者。当然,城市创建神与城市守护神之间并不矛盾。如果一定要建立一种等级结构,那么城市创建神作为创造者应该考虑在前,并且高于城市守护神,而城市守护神守卫或监督所创造的社群的事务。城市创建神的优先权,显然是通过对城市创建神的击鼓赞美诗而确立,把其当做社区的圣歌或是识别口号。[21]

这些观念为历史提供了一种方法,该方法并不是把精神实体或存在从人的活动范围中排除,因此,也不被排除在历史之外。一般来说,不是神灵决定事件发展的方向或结果,而是促进并参与到事件中。从这个意义上来说,亡故的祖先们继续从他们被转换的神灵世界发挥他们在历史上的作用而受到崇拜。事实上,一些城市守护神被描述成整个群体的英雄,在他们死后被尊奉为神明。[22]在历史进程中,正是这种与死亡保持联系的思想,以家族创建者或酋长和国王的名义建立纪念碑和一系列习俗仪式。因此,建立在这些祖先的坟墓上的建筑,在内贝地区被称之为"奥克普"(okpu),被用作举行奠酒祭神仪式和其他宗教仪式活动的神殿,同时,也作为保存纪念品、徽章等的博物馆,以及作为家族或群体的会议场所。一些尼日尔河三角洲东部地区的社群不止在祖先坟墓上建立建筑物,而且用艺术创造来表现特定祖先的精神实质。卡拉巴尔人(Kalabari)制作人形的木雕,纪念死者。㉓奥克里卡人(Okrika)以烧制的黏土陶器代表亡故的祖先,称之为"奥克颇"(okpo)。㉔

对祖先们的呈现不仅只是建立建筑物,还逐渐发展成为公共的纪念碑和展览馆,来纪念漫长岁月中的历史群体。然而,尼日尔河三角洲的木雕和黏土陶器并没有试图真实记录祖先的外表特征。相反,人们致力于对祖先性格和成就进行整体上的历史再现。相应地,这些程式化的人物承载的标识可以被社群当做历史文献来解读。

在公认的单个祖先的层次结构外,还存在一部分因年代太过久远而无法确认其是否为历史上人物的单个祖先。在内贝,一个用来举行仪式的广场被命名为"伟大祖先的所在地"。毫无疑问,这一命名明显意味着一种史学上所承认的口述传统的局限,即在记忆遥远的过去或完整恢复过去的知识方面的能力不足。

另外,尼日尔河三角洲东部群体的人种学记录中,史学思想深含在神和祖先的世界观中,通过实质的建筑和艺术象征表现出来,并且融入进他们的社会和政治体制。各种节日成功地把许多元素融合在一起。举例来说,伊杜(idu)节是一个明显再现历史的节日,内贝人在他们的城市守护神祭坛上,庆祝纪念至高无上的力量或创造之神。㉕

融合了戏剧的多种表现方式肯定世系、经济利益集团或者职业行会的历史一致性,用仪式、舞蹈和歌曲来庆祝和展示社会中的神话基础。因此,在史学中对节日的描述包括视觉艺术和表现艺术、宗教信仰和社会活动。最终在文本分类中用语言的形式在歌曲,祷告和其他仪式话语中传达神话、信仰和历史。

我们注意到的是,在非洲社会复杂的活动中宗教节日不是展现他们历史的唯一渠道。另一值得注意的艺术活动纯粹是或者主要是面具艺术活动或化妆舞会。到19世纪,在尼日尔河三角洲东部这是一项专业的并且由精英主导的活动,或者是朝着这个方向发展的活动。㉖在尼日尔河三角洲共同体中的埃基内(Ekine)、奥伍－奥格博(Owu ogbo)或塞基阿普(Sekiapu)等族群中,协会逐渐成为有教养、学识以及艺术才能的象征。政治领导人也是这些协会的成员,而且授予其在一些重大事项中执行对公民训诫的权利。但是从特定目的来看,埃基内或塞基阿普最重要的活动是在城市中央的广场上跳面具舞时,展示击鼓赞美诗的知识。通过这种方式,埃基内面具舞社团成为各种历史固定文本的主要守护人。

在这些情况下,人种学以具体的、可见的方式来表现史学,它作为艺术、社会意识形态、身份象征和群体统一性来显示社团和个人与历史的关联。人种学还提供了文本的来龙去脉,以更详细的方式阐明史学及其原理。

● 文本证据

非洲的历史文本有很多种形式。正式的叙事传统成为最全面和最广为人知的文本。大多数口述传统的评论家偏向于这类文本或证言。范西纳对非洲史学作出了巨大贡献,他把口述传统作为可靠的历史文献或证据,并在后来将其作为历史本身。[27] 也就是说,正式口述传统的资料提供者的背诵、讲述或表演,事实上都是与当地史学标准相一致的历史或关于过去的重构。那么,什么样的文本我们可以看做是对当地史学的哲学或二级思考呢? 我们希望展示作为这一角色的最佳候选者……谚语。然而,就像其他口述传统中的文本类型一样,谚语既是对历史事件和活动的记录,也是对它们的阐释和评论。

以内贝作为特例,这已经是用来做这种分析的主要例子,所有不同模式的口述文本也在不同程度上展示出作为文献和历史评论的双重作用。正式的叙事传统,因其极度的灵活性,在文化上被认为是"最卓越"的历史。它们具有通用名称"埃戈拜里"(egberi),即"故事"以及民间传说或小说。但是,正式的历史叙述是关于过去的故事。被当作虚构故事的叫"卢古-埃戈拜里"(lugu egberi),指虚构的大陆上的故事。然而,界限并不总是那么明确,并且认为有必要借用寓言、故事来确定某一个地点或定义维度。因此,在对故事叙述的开头声明之后,由讲故事的人阐述各个故事,不论故事内容是发生在虚构的城市,还是贝宁奥巴(Oba)的城市、死者的城市、动物的城市、水神的城市等。相应地,故事发生在一个真实的地理环境中是最明确的对人类历史的叙述,尽管还存在由于神灵和亡灵的参与而引起的其他问题。

内贝其他形式的口述传统文本主要是固定的文本,而且通常不被认为是历史叙述,即使这些文本对历史发表评论或记录历史。然而,它们被引用来确认或反驳正式的叙述。谚语在这里被用作主要文本,可能是成果最丰富的。但是谜语也是可以利用的。[28] 当然,歌曲既是文献也是评论。[29] 但击鼓赞美诗是从历史中提取出的精华,将其融入当前的行动口号中,并为未来创造灵感。[30] 尽管在各种文本类型之间缺乏明确的界限,正式的传统叙事被认为代表了口述的传统史学,而谚语文本则作为对史学的一种哲学评论。[31]

接下来的讨论是关于一些口述传统中的史学问题，换句话说，就是转述的问题和标准，真实性的判断和其存在与否的准则，历史论述所需要的准确性和回报，时间和年表的意义，历史知识的价值和历史的相关性。

一、传递：信息提供者／历史学家

谁是对历史最有资格的信息提供者？谚语中的证据明显压倒性地支持老人而非青年。

(1) 年纪越大／智慧越多（历史知识）[32]

(2) 老年人坐着看到的／年轻人站着也看不见。[33]

(3) 如果一个孩子举起了他的父亲／外衣会盖住他的眼睛。[34]

(4) 如果神的大祭司是个孩子／神可以轻而易举地摆脱控制。[35]

(5) 不论公蜥蜴有多庞大／壁虎都像年长者那样饮酒。[36]

文本（1）一个很明确的评论是认为老人是最适合充当历史学家的，因为他们有更丰富的阅历和更多的学习机会而变得越来越有智慧。这里很明显把历史等同于经验和智慧。文本（2）将隐喻延伸为对当前事件的辨别力，以及对未来可能的预测能力。年长的人看得更长远因为他有更多的后见之明。这种由于站立而增加高度的身体优势并没有什么太大关系，因为理解力并不是仅仅通过视野，而是通过将过去的经验转化成智慧得来的。文本（3）陈述了一个年轻人擅自向年长者挑战摔跤比赛，他也许能够成功把年长者举起，但他无法将年长者扔出去。年长者的外衣会盖住年轻人的眼睛，并使他的努力失败。文本（4）和文本（5）肯定了将年龄作为效率和效力的决定因素这一倾向，而且是作为一种奖励或是某种社会地位。

对于有实践经验但无知愚昧的年长者来说，把年长者作为真正的历史学家这一情况显得既开放又封闭。事实上，很可能在尼日尔河三角洲西部的伊策基里人（Itsekiri）中，至少有一个文本记录了无知愚昧的年长者的存在：

(6) 神灵不会因为一位老人不懂他的历史而杀死他。[37]

这一例外使得非洲的叙述逃脱过分天真和简单的指控。对年龄的偏爱是建立在将历史本质看做是经验的观点上，但不是所有的老年男性和女性都能从他们曾有过的机会中有所收获。年轻人并没有被鼓励去挑战年长者的知识和权力，而是培养谦逊的精神，并从年长者的经验中学习，这样他们就不会在他们的时代里成为愚昧无知的长者。

二、真理与谬误

谚语的评论明确证实了非洲社会群体保存了大量真实的记述。按照欧乔德（Ojoade）的说法：“比罗姆族（Birom）一些最值得纪念的谚语为人们寄予的真理和正义作出重要贡献。”[38]他引用的谚语如下：

（7）真理永远不会消亡。
（8）真理永远不会腐烂。
（9）真理永远不会生锈。
（10）真理比金钱更有价值。
（11）谎言终会被识破，唯真理永存。

真理被当做如此有价值的物品是因为人们意识到了错误和谎言。与不知足或缺少警惕相对的是弯曲事实、谬误或无知。

尼日利亚中部的库提博人（Kuteb）提醒那些尽管是最合格的当局者也不要犯错，正如接下来的谚语所说：

（12）马即使有四条腿，也会失足绊倒。[39]

那么我们怎么能找到真理呢？尼日尔河三角洲的伊科维尔（Ikwerre）族警告，不要把判断建立在外表之上：

（13）敏锐的耳朵／并不需要像伞那样大。
（14）大眼睛／并不意味着敏锐的眼光。[40]

有两条寻找真理的标准可供参考。第一，直接目击者的证词力量：

（15）眼见为实（吉库尤）。[41]

（16）如果一条来自河底的鱼说鳄鱼病了，这是不用怀疑的。（阿散蒂）④

　　这种明显的对目击者证词的全盘接受显然与有意犯错或观察者的失误或其他的错误来源的共同经历背道而驰。口述传统意识到这种情况，并建议由第二个目击者确认证词来作为一种实际的解决方案：

（17）我看见了偷母鸡的人；我不会说出去，因为我是唯一的目击者。（塞纳）④
（18）猎物不会倒下／如果没有第二枪的话。④

　　因为人类的弱点、表象和亲眼所见而难以确定真理，所以需要进一步的方式来分辨谬误和真理。有一种方法就是，从"事物本质"出发判断叙述或声称发生的可能性。如果从现实世界的经验的事物本质出发看一份叙述明显是不可能的，那就没有必要把这份叙述当真。

（19）最大的儿子不知道他的父亲／然而，最小的儿子声称帮父亲搬过七个袋子。④
（20）"我杀死了一头大象"，可能是真的；"我把大象搬到了马路上"，这一定是假的。④

　　以上两则例子所陈述的实质是保持公开质疑，即事实上的不信，因为它们明显违背经验的逻辑性和可能性。不相信是无法避免的，尤其是文本（19）所暗示的情况，在一个父亲过早去世的家庭里甚至是最大的儿子因太小而无法回忆起他的容貌。在文本（20）中，狩猎者没有可用的辅助是做不到的。我们也注意到了维雷杜（Wiredu）从阿坎人（Akan）的语言表述中提出的关于真理的普遍哲学，作为一种道德观念意味着"就是如此"。④

三、勤勉、严格

　　努力寻找客观真实性而引发的问题，需要严格地评估所述内容。文本（18）暗示了对猎物的第二击可以理解为，确认证词的必要和补充第二种观点的需要，比只看一次获得更多表面之下的东西。其他的文本更明确地建议在细节上要更仔细研究历史。历史学家被比作非洲巨蟒，因为它被认定为目光如炬以及能被训练到听出蚂蚁脚步声的能力：

（21）如果你让耳朵贴近大地／你将会听到蚂蚁的脚步声。⑱
（22）大地的眼睛／大地的眼睛。⑲

　　从文本（21）和文本（22）可以明显看出对历史学家的严格期望包含了所有视听的能力和感觉。文本（21）还指出了这种勤勉的回报，即将会拥有非凡的知识和阅历。

　　四、时间

　　口述传统认为，时间的流逝和变化是历史的本质，当前的重要性是为了证实过去，在当下的计划和行动中需要考虑到未来，甚至考虑到永恒的思想。关于时间的流逝和其造成的磨损以及磨损是对时间的证明，伊科维尔谚语认为：

（23）制作篮子的那一年并不是它损坏的那一年。⑳

　　一份内贝的文本上有证词是关于对过去的叙述和当前现实的关联性，记述过去和我们当前关注的情况可能存在什么样的关系。文本提出，历史学家的记述相当于当前的"季节"和"潮汐"：

（24）说故事的人／不会讲述不同的潮汐／季节。

　　文本（24）表明，历史学家会确保他的记述符合当前的"潮流"或形势，也可能当前"潮流"可以是详细记述过去的基础，因为它和过去具有关联性。
　　那么什么是过去？它是否仅仅是以自己的形象对当前的一种创造？答案会在下一个文本中提供，它所呈现的过去是形成当下现实的底部、基础和起源：

（25）大地的形成／在树木出现之前。㉑

　　由于未知，所以未来是一个更加复杂的概念，不像过去已经经历过。伊科维尔文本把未来定义为期望和待规划的时期：

（26）一个人想在他的坟墓边上屠宰一头公羊／应该在他活着的时候养一头
　　　　母羊来生下公羊。㉒

如果未来还没有发生而且需要在期望中想象,有可能获得关于未来的可靠认识吗?文本(26)的特例表明,可以用过去经验的后见之明来计划现在以获得对未来的先见之明。然而,这种对未来的先见之明肯定是有缺陷的:

(27)即使一只有很长脖子的鸟也看不到未来。(卡努里人)⑤③

事实上,未来是超越人们的眼见和全部知识的。如果是这样的话,在人类的术语中有可以和永恒相提并论的吗?在努佩人的文本语言中,永恒只能用来讨论与神有关的事物:

(28)上帝是永生不朽的。(努佩人)⑤④

我们注意到非洲的口述传统没有强调时间的测定,甚至没有计算一份准确的年表。另外,尽管人类的三维时间,也就是过去、现在和未来得到很好定义,但并没有严格的界限。时间的不同维度在想象中可以互相交叉。

值得注意的是,非洲希波地区的主教圣·奥古斯丁(公元354—430年)在西方传统下构想了一种时间的哲学,具有与非洲口述传统明显相似的时间观点。首先,圣·奥古斯丁排除了对时间精确测定的可能性,因为只有现在是现实的,它不占有空间,而且总是处于成为过去以及不复存在的过程中,而未来并不存在,而是不断地成为现在。

按照圣·奥古斯丁的说法,作为记忆(过去),直觉(现在)和期望(未来),时间的理解仅仅建立在当前它在脑海中的印记。⑤⑤和努佩人一样,圣·奥古斯丁始终确信无疑的是,全部的时间,即永恒;是属于上帝的,因为上帝高于一切的时间并创造一切的时间。

将口述文本中的一些形象整合起来作为时间的表现是有启发的。在文本(25)中我们有可靠真实的大地,生命以树木的形式在大地上生存。这是真实可靠的但同时也是连续和变化的。其次,文本(2)呈现了坐着的年长者,安全的待在稳固的大地上,站立着的年轻人则努力在当下洞察未来。然而,文本(27)表现了比站立着的年轻人更高的形象,即一只"有很长脖子"的飞鸟。即使是这种程度的身体上的拔高和伸展,仍然不足以获得对未来的展望。

这些文本证实了时间依然是非洲口述传统最难以解决的问题之一。

五、历史知识的价值

相对于列举知识的积极益处,这些文本更希望提醒由于无知造成的负面影响:

(29)一个刚进城的外地人 / 会从神圣的坟墓上走过。[56]

(30)忘记自己出身的人 / 非人类。[57]

(31)没有导师的苍蝇 / 将会随着尸体一起进入坟墓。[58]

文本(29)表明了作为一个社区的成员有必要了解当地的历史。只有一个外地人会被当做无知的人。这种无知的结果和迹象是轻视禁忌,比如,从坟墓上走过。因此,知识可以使个人的行为举止符合风俗习惯,无知使人犯错。

根据文本(30),无知的后果可以严重到使人丧失人性。不注重历史或历史知识,可能导致丧失人性本身,因为非人类的人,是一种在传说中提到的虚构的类人猿,它生活在尼日尔河三角洲红树林中。文本显示了殖民历史学家施加在非洲人民身上的极大冒犯,他们否认非洲具有历史。这种立场相当于剥夺了非洲人在人类大家庭中的位置。

文本(31)要求个人有责任向那些有一定经验和知识的人学习。如果不这么做可能会导致严重的后果,比如,失去生命。

在以上三个例子中,其相反的正面情况是,掌握历史知识并使用知识,在社会中表现良好,作为一个负责任的人符合某个身份,以及信任年长者的智慧和经验。

接下来的文本以直接的形式说明知识的情况:

(32)土地的儿子 / 有巨蟒般敏锐的目光。[59]

"土地的儿子"是指非"外地人"[参阅文本(29)],而不像在文本(30)中描述的人,他们知道自己的出身,并且都从那些有传授资格的人那里发现并获得知识,结果是他可以像巨蟒一样敏锐沉着地观察。文本(32)提到的非洲巨蟒在动物学家看来未必具有敏锐的目光,但是它成功捕食猎物的记录足以证明支持文本的论点,那就是经验的优势。

最后是若干涉及各种各样与历史知识相关问题的文本:

(33)用牙齿攀登的家庭 / 更了解树木。[60]

（34）记不起来吃过肉的人／不会忘记吃过的骨头。[61]

（35）孩子们都知道的故事／逐渐变成愚蠢的故事。[62]

（36）鳄鱼的胃／不在儿童面前打开。[63]

（37）母兽所选择的道路／也是其幼崽所走的路。[64]

（38）羚羊的孩子／不会用父母的喜好给大象命名。[65]

（39）儿子不了解父亲。（卡纳人Khana）[66]

　　文本（33）和文本（34）涉及的问题是，痛苦和愉快经验的相对教育价值，以及他们能够被记住的相对可能。人类的记忆是优先选择愉快的经验还是不愉快的经验？文本（34）主张愉快的经验先于不愉快的经验被遗忘。文本（33）主张不愉快的经验会给予一种智慧，能够推测出来什么是可以避免的。从另一方面说，口述传统是否以选择优秀的家系或光荣的祖辈这种方式选择它的材料而不是叙述人的自然祖先？文本（38）给出了否定的答案，这很显然是一种规定的原则而不是实践的结果。

　　文本（35）和文本（36）涉及保守某些历史信息秘密的可能性或必要性。这两个文本都肯定了保守某些类别信息秘密的必要性。秘密的类型没有明确要求，但是要求对其保守秘密的人群类别是具体的：儿童和青少年。

　　文本（37）、（38）和（39）都从各个方面探究了青少年和他们父母经验传授的关系。文本（37）呈现的是，青少年会理所当然的跟随他们父母的脚步。事实上，这个文本相当于把遗传作为传授经验的参考解释。然而，文本（39）详细说明了父亲给儿子传授知识，因为卡纳人（Khana）所记录的内容是适用于"一个表现出对社会传统和风俗极端无知的儿子"。那么很明显地，史学的口述传统是盼望父母用社会历史来教育他们的孩子。这意味着每个个体都要相互负责，采取必要措施去获得家庭和社会的历史知识。那么一个人怎样才能获得知识成为一个合格的市民呢？通过"模仿"，巧妙总结口述史学传递的复杂的意义并调动所有感官进行吸收。"模仿"家庭中的父母，社会中的年长者，以及拥有可靠实践能力的邻居：

（40）任何年轻的棕榈树，不仿效它的邻居就不能产油。[67]

　　这个简明扼要的谚语文本充分表明了非洲口述传统中存在的关于历史经验的深刻论述。即使我们讨论了那么多主题，这并不代表非洲人的全部哲学阐述。其他形式的传统文本可以被发掘利用，也能通过与活着的传统主义者进行讨论来探究他们的思想。当然，最终近代非洲历史哲学家将会清楚表述出来自非洲环境和非洲人经验的思想。

第四节　实　　践

　　远古的古埃及和北非地区的口述史与近代撒哈拉以南非洲地区相类似。这里的口述传统受到11世纪左右来自北非和亚非穿过撒哈拉沙漠传入的伊斯兰教传统所带来的挑战,以及从15世纪开始沿着大西洋和印度洋海岸进入非洲的西方传统的入侵。这两种传统都通过宗教和教育渗入口述传统,尽管在东苏丹、非洲之角和东非海岸有阿拉伯移民,在南非有欧洲移民。皈依伊斯兰教和基督教的第一步是接纳他们新信仰的书写传统。然而无论如何,宗教皈依采取措施逐步将口述传统转录成了文字。

　　伊斯兰教传统产生了第一位将口述传统转录成编年史和历史记录形式的历史学家,从16世纪到17世纪用阿拉伯语记录了来自清真寺、廷巴克图大学以及西部和中部苏丹的其他城市的资料。

　　非洲历史最初使用西方字母书写始于18世纪末,但更多始于19世纪末,伴随着基督教传教事业的强化以及欧洲殖民统治和帝国主义的开始。基督教传教士作为西方教育的最初代理人,鼓励本教会成员转录抄写口述传统,有时使用当地语言进行。实际上一批新的历史学家是非洲的第一代牧师。自20世纪初,非洲的政治活动家也开始书写辩论性的文本以反对帝国主义者否认非洲拥有历史的宣传。[68]20世纪50年代,在西方大学接受高等教育的第一批非洲历史学家开始使用西方传统,并且认识到了口述传统的合理性,致力于以系统的方式记录和利用口述传统。

　　最近,在拉各斯举行的研讨会汇聚了很多来自各个不同学科领域的非洲学者的作品和思想,都是和口述传统有关或者研究口述传统。[69]大量在非洲大陆上完成的丰富作品,都是通过收集和分析口述文本来再现社会历史和其他用途。塞内加尔的历史学家做了关于收集详尽的跨区域的村庄传统的课题报告;尼日利亚学者的报告是关于利用口述传统研究考古学和技术史,以及在文化领域里政府机关日益增长的口述传统意识。不受历史学家的指导方法所约束,文献学者已经显示了使用理论指导来定义和诠释口述传统的倾向。我们注意到,非洲口述传统在穿过大西洋生活在奴隶社会的恶劣环境中的离散的非洲人中间,以及随后的在北部、中部和南部美洲掀起的抗争历史中具有持久的生命力。[70]

　　因此,如同在接下来的章节里概述的那样,历史变革和利用口述传统成为伊斯兰教叙述和西方书写传统的一部分,在非洲的自然环境中开花结果。

◀ 第三章　内部文献传统 ▶

"如果一条来自河底的鱼说,鳄鱼病了。这是不用怀疑的。"

——加纳阿散蒂族(Ashanti)谚语

第一节　引　　言

有必要记住的一点是,在伊斯兰和西方的书面史学传统传入之前,非洲早就存在书写的传统。发明文字的埃及先驱们自然而然地提供了非洲书写传统的历史核心,但是我们也必须注意到,从古代到整个19世纪在非洲其他地区存在的其他模式的交流体系。

因此,在书写传统的框架下,我们将讨论语言学、音节、功能、符号或者是手势交流体系等所有形式。一些体系可能与西方的字母系统差异巨大,但是由于它们对社群的历史意识的助记作用所作的贡献,仍然需要对它们进行调查研究。事实上,即使不是全部,大部分体系与口述传统以一种互补共生的关系一起使用。

第二节　埃　及　经　验

埃及经验在非洲以及世界的史学史中构成了一个重要的环节。埃及是第一个从口述传统中走出来以及第一个让书写传统融入到口述传统中的国家。因此,对埃及经验的讨论将占据本章的大部分内容,分为以下小节:

(1) 古代埃及史纲提供讨论的背景;

(2) 为非洲其他国家描述埃及的定位、埃及对非洲的各种观点以及南努比亚时期或者埃塞俄比亚王朝时期的描述;

（3）书写的影响、地位和机制和历史文献的成果以及来自抄写员和学者的文本；

（4）历史观念的本质和来源以及对主要类别的讨论；

（5）神话；

（6）历法与年表；

（7）文献——帝系表、年鉴和日记簿；

（8）曼涅托（Manetho）以及在他前后的埃及历史学家；

（9）埃及文学在整体上对历史思想或者历史哲学产生的贡献。

一、历史纲要

从19世纪到近代，来自不同地域的史前史学家们的工作揭示了尼罗河流域的自然特征在不同地质年代（从中新世到上新世再到更新世）的持续发展的轮廓。同样，从旧石器时代或石器时代到新石器时代，当铜器开始伴随燧石一起使用的文化先后顺序的持续演进的研究也大有发展。关于陪葬品、陶器、象牙、编织以及其他手工艺品的研究构建起这些早期王朝或前王国时期的"埃及本质"的基础，提供了埃及法老时期的文明根源，按照惯例在曼涅托以后被划分为各个王朝。①尼罗河区域的历史在与周边如美索不达米亚、苏美尔、巴比伦尼亚等其他亚洲国家接触后，实现了从非洲的早期历史到王朝时期的飞跃，包括书写文字的发明，从而在其他国家中创造出一个独特的非亚语系文明。

对于古代埃及人而言，他们的土地是"黑土地"，即尼罗河洪水泛滥带来的黑泥，为希罗多德（Herodotus）把它描述为尼罗河的礼物提供了证据。相反，干燥的沙漠地带被称为"红土地"。事实上，埃及的地域结构被界定为包括从尼罗河谷到三角洲以及从沙漠开始一直往东西两端刻蚀的不断上升的高地。位于象岛（Islands of Elephantine）和菲莱（Philae）岛屿或者是上埃及之间的阿斯旺第一瀑布的狭长山谷与三角洲或者下埃及很不同。因此，埃及成为具有"两大国土"的国家：南部上埃及成为唯一的水源以及农业和生命发源地；北部的三角洲或者下埃及是尼罗河流经的地方……一条主要流往非洲大陆，另外一条流向地中海和亚洲。

在第一个本土史学家曼涅托的笔下古埃及的历史可以总结为三十或者三十一个王朝。他认为，前王国时期或者史前时期是受众神和半人神们（大九神或者小九神）统治的两个时期。近代学者们提出更宽泛的统治群体来划分作为王国的统一时期和作为中间期的分裂时期。

古王国（包含曼涅托所指的第1—8王朝：约公元前3100—公元前2130年）；第一中间期（第9—10王朝：约公元前2130—公元前2040年）；中王国时期（第11—12王朝：约公元前2130—公元前1786年）；第二中间期（第13—17王朝：约公元前1786—公元前1567年）；新王国时期（第18—20王朝：约公元前1567—公元前1085年）；第三中间期（第21—24王朝：约公元前1085—公元前715年）以及后王国时期（第25—30王朝：约公元前747—公元前343年）。尽管曼涅托的朝代体系存在问题，但它仍然是埃及年表的基础。②

远在约公元前3100—公元前2890年第1王朝时期的八位埋葬在阿拜多斯（Abydos）的法老，代表了最早的统一时期的统治以及象形文字的出现。第3王朝乔塞尔（Djoser）法老奈杰里赫特（Netjerikhet）（约公元前2686—公元前2613年）建造了阶梯金字塔；第4王朝法老斯奈夫鲁（Snefru）（约公元前2613—公元前2494年）建造了真正意义上的第一座金字塔，以及同一王朝的法老胡夫（Khufu）建造了吉萨大金字塔，其他的法老紧跟着在同一个地方建造金字塔。第15王朝（约公元前1674—公元前1567年）是"沙漠国王"或喜克索斯王朝（Hyksos），这些国王从东部进入三角洲地带，最终被来自上埃及的第17王朝（约公元前1674—公元前1567年）的国王们所驱逐。新王国时期可追溯到第18王朝（约公元前1567—公元前1320年），开始了对叙利亚—巴勒斯坦和努比亚的扩张时期。很快进入到衰落时期，形成了外来王朝的连续入侵，如"来自西北方美什维什（Meshwesh）部落"的第22王朝（约公元前945—公元前715年）；来自埃塞俄比亚库施王国的第25王朝；第27王朝或波斯第一王朝（约公元前525—公元前404年）。

第30王朝结束了古埃及文明。自此以后，马其顿王国的亚历山大大帝接手第31王朝（公元前343—公元前332年），结束了波斯第二王朝，开始了希腊统治时期（公元前332—公元前30年），紧接着是罗马统治时期（公元前30—公元305年），然后是阿拉伯统治时期。古埃及遗留的传统体现在科普特语和科普特文化中。

二、非洲情况介绍

尼罗河以及三角洲地带的人把自己跟此地区之外越过第一瀑布的人区分开来。他们是唯一的真正的"人"，而其他的人是"邪恶的""卑鄙的"外国人。埃及的"绅士"明显地把自己与穿过西奈地峡而来的亚洲赛图人（Setyu）区分开来，并且与其他相邻地区的非洲人也区别开来。③

在麦伦普塔（Memeptah）时期（公元前1220年，第19王朝期间）首次提到了三角洲西部的一个里布（Libu）部落。另外两个群体出现在早王朝时期被称为特恩尤（Tjehnyu）和特姆布（Tjembu）。所有这些西部沙漠的非洲人群体，从地中海海岸到锡瓦绿洲（Siwa）、拜哈里耶绿洲（Bahriya）、费拉菲拉绿洲（Farafa）、达赫莱绿洲（Dakhla）和哈里杰绿洲（Kharga）都被一个集体名词"利比亚人"所概括。

经由红海，埃及人得以与东部沿海的非洲人接触。这是蓬特国（Punt）的领土，盛产香料、没药和其他异国的产品。

沿着尼罗河，第一瀑布在上埃及和下努比亚之间形成了一道边界，但是正式的边界不断更改，而且几个世纪以来沿着尼罗河居住的人相互来往。沿着河岸居住着讲柏柏尔语的人和来自沙漠的努比亚人（在埃及警队里服役）。边界本身跨过第二瀑布到了库施（Kush）或者瓦瓦特（wawat）领土的塞姆那（Semna）和库玛（Kumma）堡垒，最终在善战法老图特摩斯一世和二世（第18王朝，约公元前1567—公元前1320年）时期越过第五瀑布到达离喀土穆仅350英里距离的艾尔-柯尼萨（el-Kenisa）。这里是希腊时期的埃塞俄比亚和阿拉伯时期的苏丹，所有的术语显示了居民的黑色特征。

埃及人对努比亚（Nubia）有多种称呼："弓箭之地"、"南方之地"以及著名的库施国④，同时，罗马对努比亚的称呼可能也是源于埃及文字里金子的单词（nbw）。埃及人把根据不同时期不同的商业往来划分各种不同的区域和群体：在第6王朝时期"薯蓣之地"指瓦瓦特（Wawat）南部、伊尔杰特（Irjet）和萨特尤（Satju）；在后面几个时期指的是东部沙漠的麦迪杰（Medjay）和布勒米（Blemmyes，可能是贝贾人［Beja］的祖先，原书注）。

基本上，这是埃及人为了南部的自然和人力资源对其进行持续了将近五百年的开发史，直到第25王朝时期（约公元前747—公元前656年）努比亚对埃及持续了近五十年的统治。努比亚成为埃及和第一瀑布以南非洲的联系纽带。通过这一纽带，埃及获得了金子、铜、宝石、玛瑙、闪长岩、碧玉、紫水晶、象牙、乌木、香、油、打猎木棍、鸵鸟蛋和鸵鸟毛、狮子、羚羊、鸵鸟、小羚羊、长颈鹿、猴子、豹和豹子皮。埃及也从努比亚带走犯人、人质、雇佣兵和奴隶，使他们成为武装力量和民用的劳动力。努比亚确实从埃及得到诸如鹿和葡萄酒、亚麻布、铜斧和其他的物质产品，但是却没有得到最重要的技术和理念，例如，没有具备创造出麦罗埃文字的影响力。

埃及—努比亚之间的交往是否平衡的,一直没有得到公正的评判,直到麦罗埃文字被破译,象形文字记录了南部王国和埃及人共同的声音。按目前来看,只有第25王朝的统治者卡施塔(Kashta)、佩耶(Piye,Piankhi)、沙巴卡(Shabako)、沙巴塔卡(Shabitko)、塔哈尔卡(Taharqo)和坦沃塔玛尼(Tanutamani)的言论在象形文字里有记录。他们基于埃及孟菲斯、底比斯的四个中心和库施的纳帕塔、麦罗埃(以及他们在库鲁和努里的金字塔)的统治,由于他们的历史思想而广受赞誉。他们发起了古埃及艺术的复兴,但是又新增添了南方的因素。

三、文字

最早的象形文字符号出现在前王朝晚期的石头和陶器上,以及第一王朝第一个法老那尔迈(Narmer)的著名的石板上。因此文字的出现可以追溯到约公元前3 100年至公元前3 000年。⑤文字的历史起源无法考证,埃及传统把象形文字的发明归功于透特(Thoth)神——“文字之王”的神圣之手。据估计,比在美索不达米亚用来书写闪族语和原始埃兰文字的楔形文字出现的时间要早一个世纪,但是其传播除了对埃及象形文字的出现有促进作用外,也不可能是它的直接原型。两个体系存在差异,闪族语是音节文字(有辅音和元音),而埃及语言是辅音系统(只有辅音),并且“明显是起源于本土”。

尽管埃及的象形文字没有像闪族语等其他许多语言那样被广泛用来书写,但是它比任何已知的文字系统使用时间都长,持续了将近四千年。它可能刺激了公元前2 000年克里特岛人和赫梯人的“象形文字”的发展。它被认为是西奈文字和麦罗埃文字的起源。由于它对近东地区如西奈文字的影响,刺激了希腊字母文字的出现,所以它被认为对现代字母文字作出了贡献。

随着环境和历史的发展,埃及形成了四种不同的文字:象形文字、祭司体文字、世俗体文字和科普特文字。

象形文字,要追溯到约公元前3100年,对它的最后一个记录出现在公元394年菲莱岛上。然而“Hieroglyph(象形文字)”一词来自希腊文ta hieroglyphica,意为“神圣的镌刻文字”。这是一种微型画和字母的混合系统,这样的文字系统在文本中考虑到了美学、书法、宗教、“动态”和密文等各方面。因此,文字被认为能传递神圣的力量,并且能精细到6 000多个象形文字,尽管标准的字数没有超过1 000个,而且中古埃及时期中少于700个。

象形文字是古埃及文字的神圣起源,被用于庄重的宗教和纪念碑上的铭文,以此保证被铭刻的名人的生命和姓名能永垂不朽。实际上文字就是历史卷轴上的题词。

祭司体文字（又译僧侣体），是一种简化了的象形文字，以黑色和红色的墨水书写在卷轴、纸草纸、陶器、石头（陶片）上，记录日常的商业、行政、文学、科学和宗教活动。尽管它很早就开始使用，第4王朝存有最多的范本，但是到了后王国时期（约公元前600年）成了纯粹的宗教文字，由此它的单词在希腊文中表示"僧侣的"意思。

祭司体文字与象形文字的区别在于它一直都是从右到左书写。从中王国时期开始，祭司体一改竖写的方式开始以水平的方向书写。在第26王朝时期，它被世俗体替代。

世俗体文字，在埃及语中意为"文字的书写"，在希腊文中称demotika，表示"通俗的（文字）"，是典型的日常文字，以从左到右的水平方向书写在纸草纸和陶片上。它有独特的独立的曲线形字符，并逐渐从日常的商业记录进入到文学甚至是纪念碑的书写中，因此，在托勒密王朝时期它与象形文字和希腊文字一起出现在了罗塞达石碑（Rosetta Stone）上。它在菲莱岛最后使用到公元450年。

科普特文字，在罗马时期开始使用，意味着此文字被科普特人使用，希腊文里称"艾古匹奥斯"（Aigupios），阿拉伯文称"古比提"（gubti）。科普特文代表着与埃及古文字的分离，尽量以希腊字母来书写埃及语言。它借用已有的希腊字母作为发音，并对世俗体文字进行改编以弥补希腊字母中没有的发音。

科普特文字成为基督教修道院的藏品，他们的图书馆里主要的文本都是科普特文，以帮助现代埃及古物学者解读象形文字以及对古埃及的研究。科普特文献出现在纸草纸、陶片、木牍、羊皮纸、纸以及纪念碑上。它的书写方式是从左到右，它的抄写员在希腊传统里留下了古抄本文献，并且仍在埃及科普特教堂庄严的场合里使用。

古埃及的文化水平是一个什么状态呢？象形文字的读写水平不可能很高，但是随着诸如科普特这样的大众文字的出现，希腊和罗马时代的文化水平有所提高，尽管祭司们显然把古代文字有意复杂化使之成为秘密。曾有人估计，在古埃及法老王时期的识字率为1%，希腊—罗马时期增加到10%。[⑥]皇室和军队里的公务人员、民政部门、宗教，尤其是职业抄写员都要求具备书写技能。

初等教育阶段要求具备抄写技能，更高级的技能通过学徒阶段从师傅那里或者从工作中获取。学校课本中的古典文学的存在证明了存在正式的训练，而且现存的文献把抄写工作赞美为"快乐的工作和丰盛的财富"。

很明显，古埃及社会一开始就已经形成书写。因此，作为世界上具有渊源最久的文献历史的文字,它的存在已经超过了4 000年。仅从科普特文字才开始书写元音的事实说明文字发音的具体模式是不确定的,但是整个文字系统的含义是相对明确的。另外,埃及的纸草纸对希腊文学和文明的发展作出了不可估量的贡献。有学者认为,"没有它,希腊的精神生活将会更贫瘠和原始"。⑦它成为羊皮纸出现前产生书籍的可行媒介,而纸最终在公元100年左右才被中国人发明出来。

这些发展对历史实践有重大的意义,但是读写能力仅局限于小部分精英身上意味着实践的基础仍然存在口述传统中。

四、史料来源的本质

王朝时期最早的历史记录反映了前王国时期上、下埃及的口述传统。事实上,局限于小群体的精英身上的读写能力保证了口述传统一直处于健康发展状态,而且书写传统在某种程度上一直是对口述传统的记录。

书写的文档类型跟口述传统里的类别相似,但是也跟艺术表现相关,并且经常伴随着艺术作品而出现。

各种谱系在各类文献中占主要位置:王表、祭司谱系以及家谱。这些谱系演变成王家记录(royal annals)和日书(day-books)。⑧埃及人在史学上的成就还包括对法老和伟人或者智者的传记,以及关于行政、法律、商业、文学、科学、医学的大量的档案和现存的不能充分表现的其他材料。

最古老的标本通过石碑、石板、石柱、权杖头、调色板甚至是岩刻流传下来。石板高7英尺和2英尺,巴勒莫石碑就是石板的一个部分,记载了部分来自口述传统中的第5或第6王朝时期的法老名字,可以追溯到很早的年代;一份孟菲斯祭司的家谱被刻在白色石灰石上,从22王朝或者利比亚王朝追溯到第11王朝的开端,持续了1 000多年或者是60代人。来自希拉波利斯(Hierapolis)的石灰石做的"蝎子王"仪仗权标头代表了一位上埃及早期的统治者征服下埃及的场景。这一解释在一块巨大的深绿色的板岩片上有关法老那尔迈(Narmer或Menes?)的记录得以证实。上面描述了这位埃及统一后的第一位法老"要去猛击一位下跪的俘虏的头"。在西奈有一块有关第3王朝法老塞汉赫特(Shekhemkhet)的石柱。对埃及人有重要历史意义的事件或者活动也被记录在小石碑、象牙或者木头上。

记录在石头上的历史文献繁荣期从第3王朝左塞尔的阶梯金字塔一直持续到第4王朝斯奈夫鲁和胡夫统治下涌现的真正的金字塔。石头建造的坟墓和神庙墙体上的空间给游客和子孙后代提供了传递历史信息的铭文。王室坟墓通过王家赞助或把成就刻在纪念碑等方式给公民提供了示范。自传数据、法律文件、条约、公共工程和宗教活动等都被记录在这些地方。

金字塔以有形的纪念碑形式见证了埃及人为了永生的努力。一座石头山阻止了对经过防腐处理的法老或者贵族尸体的亵渎、破坏或者移动；但最终是为了永久保存他的记忆。然而，关于文献的种类，纸草和其他更便利的材料，如皮革，提供了更适合的媒介，尤其是对祭司体和世俗体的草书体而言。第19王朝时期的都灵纸草纸文献可能是这些文献中最有名的一个例子，记录了神、半人神和从古王国时期到第二分裂期末的300多位法老。自此以后，我们就不得不等到祭司曼涅托的正式历史记录的希腊传统而不是本土的埃及传统和记录。

埃及人的历史思想可从他们努力地抄写记录并把记录保存几百甚至上千年，期间经历战争、侵袭和内乱中可窥见一斑。例如，在新王国时期特意努力复制古王国时期的建筑模式和艺术、恢复古庙、把纸草纸上的古文献抄写到石头上等。第25王朝或者埃塞俄比亚王朝时期法老沙巴卡（Shabako，约公元前716—公元前701年）把孟菲斯神系（Memphite theology）刻在一块厚厚的黑色花岗岩上这一行为已经后无来者。这位法老叙述了他这一行为和动机：

陛下重新把这份文献刻写在他的父普塔神的宫殿上。陛下发现祖先的遗产已被虫子吞噬，无法从头到尾［完全］清晰辨认。为了让他的名能流传，他的遗迹在他的父普塔神的宫殿上永久留存，因此陛下重新书写，让它比以前更美丽。⑨

五、神话

埃及的神话代表了民众对自然、环境和关于神、人性和生命（因此，也关于历史）的思辨思维和经验的综合体。⑩这种历史思维的类别在埃及历史进程中的不同宗教中心和国家活动中表现非常具体。

对希腊人来说，最早的创世神话是关于安神（On）或赫里奥波里斯神（Heliopolis）。根据赫里奥波里斯神系理论，最早只有元初之水—努（Nw/Nwn）。从努中涌现出太阳神阿图姆（Atum），从他的分泌物或者精液中产生了空气/大气之神休（Shu），以及他的妻子泰芙努特（Tefenet）。泰芙努特生下了大地之神盖布（Geb）和天空之神努特（Nut）。盖布与努特依次生下欧西里斯（Osiris）和塞特（Seth）神，以及女神伊西斯（Isis）和奈芙蒂斯（Nephtys）。太阳神阿图姆和他的八位子孙构成了九柱神（Great Ennead）或"九"（Nine）。

在赫蒙（Khmun）或赫尔莫普利斯（hermopolis）神系中，创世始于托特（Thoth），希腊人称赫耳墨斯（Hermes）自创后代。借着他对原始沙丘的话，他与他的四位女伴创造了四位男神："深渊、无限、黑暗、不可视的。"⑪

因此，托特的八柱神（Ogdoad）或"八"（Eight）给赫蒙城起名，并创造出让太阳在其中自我孕育的原初之卵。

上下埃及统一后的第1、第2王朝时期，孟菲斯的祭司精心创造了神系，把他们的普塔神置于众神之上。新神系采纳了早期神系的精华，而普塔，作为塔泰纳（To-tenen，涌现之地）成为原始沙丘，成了元初之水努和他的妻子纳乌涅特（Nuwet/Nunet）的创造者，他们是莲花之神奈夫图（Nefer-tem）的父母，后者生下了太阳神阿图姆。阿图姆又生下了荷鲁斯（Horus）、托特及九柱神中其他的神。因此普塔成为创世之源，而其他众神"仅仅是普塔的功"。⑫

在底比斯，赫尔莫普利斯神系中"隐藏"或者"不可见"之神阿蒙（Amun）从第11王朝开始被推到一个中心位置。阿蒙最终"等同于太阳神拉（Re）"，成为赫里奥波利斯九柱神和赫尔莫普利斯八柱神之首。⑬

正是埃及传统中神权的延续和人类王朝的出现一致，神的起源传说才主导有关人类起源的传说。陶器守护神赫努姆（Hnum）塑造了孩子。约公元前300年的一个早期神话，认为太阳神拉的仇恨之泪（rmy.t）创造了人类（rmt）。⑭

追溯到古王国时期的关于拯救人类的故事，在新王国时期第19王朝（约公元前1320—公元前1200年）塞蒂一世（Sety I）的坟墓上重新获得了相关信息。拉作为"众人和诸神共同的王"，召集九柱神讨论人类针对他的一个阴谋，而人类已经逃到了沙漠中。拉建议派遣女神哈索尔（Hat-Hor）去杀死反叛者们。在看到第一天残杀程度之后，拉发了怜悯。他设计了一个计谋来阻止哈索尔完成任务。他派遣信使去收集一种红色的叫做戴迪（dedy）的东西并磨成粉，把七千罐啤酒染成血色，浇灌到4棵扎根在哈索尔为完成任务的必经之路的棕榈树上。第二天早上，哈索尔看到了血红的液体，品尝并把自己喝醉了，完全忘记了她的任务！

埃及神话并没有完全系统化或者进行整合。很明显不同来源的不同因素结合在一起提供了不同的观点。正是环境的一致性和整体性才给埃及的艺术、思想和创造的传统提供给了一个统一的原则。⑮尼罗河两岸的边缘都一样是山川和沙漠，一边是另一边的对称的平衡，它的山谷都是平坦开阔。在这样的一种环境中相对很少有次要的现象凸显而引人注目。

尼罗河为地下原初之水努（Nun）的出现提供了稳定的基础。它也提供了罗盘定位功能：逆流表示"脸"或南方，顺流表示"背"或北方，左边表示东方，右边表示西方。周期性的洪水泛滥和干旱代表生与死。在山谷和三角洲的平原上，太阳是另外一个永恒的存在和定位的来源，也是生与死的代表。太阳每日清晨从东方升起代表着出生，而在西方日落代表着地下努之水的死亡。尤其是在三角洲，太阳提供了主要的罗盘定位的功能，东方成为"神之国"而西方成为死后的归所。

事实上，太阳神拉不仅以火盘形象出现，还表出神性的不同形式。拉不仅是第一任诸神之王，在艺术形式上表现为长着大胡子头顶火盘皇冠的统治者：赫里奥波里斯的拉—阿图姆（Re-Atum）、拉—哈拉克提（Re-Harakhte）或拉—在地平线的荷鲁斯（Re-Horus-of-the-Horizon）、人身隼首的蒙图—拉（Montu-Re）、作为鳄鱼神的索贝克—拉（Sobek-Re）、作为公羊神的克奴姆—拉（Khnum-Re）、作为底比斯众神之王的阿蒙—拉（Amun-Re）。

因此，在古埃及已有的宇宙进化论中，太阳神成为了主角，而对月亮和星星关注很少。天空之神奈特相对应大地之神盖布，又被空气/大气之神休所分裂。原始之水努在盖布之下，有它自己地下的"天空"纳乌涅特（Nunet）和"空气/大气"达特（Dat）。尽管不同地区的神系不同，不同时期宗教的中心不同，埃及构建了与其独特的环境和才华相一致的对称平衡的体系。

埃及创世神话与其他世界的创世神话，如希伯来人《创世纪》的故事，有一些相同的因素。努，水的深渊和第一个沙丘或从中涌起的原始沙丘，就像是尼罗河泛滥期形成的第一块沃土，代表了以后故事叙述中的最初的原型，而希伯来人故事里的创世者从第一个黑暗虚无中上升并开辟了新土。

埃及人繁衍的宇宙包含了两两相配对的神和女神，构成了赫尔莫波利坦（Hermopolitan）神系中的"八"或八柱神，即代表水的努，代表地下天空的纳乌奈特，代表无垠无形的哈赫（Heh）和哈屋赫（Hauhet），代表黑暗的库克（Kuk）和库克特（Kauket）以及代表不可见的阿蒙（Amun）和阿蒙奈特（Amaunet）。⑯

孟菲斯神学发展起来的神系借助思想和文字、感情和口述把神话提升到创作高峰。在孟菲斯神系中，作为创世法则的普塔神被置于阿图姆之上，形成了神的最高委员会，即创世后的九柱神或"九"：阿图姆、休、泰芙努特、盖布和努特、欧西里斯和伊希斯、赛斯和奈芙蒂斯。

在创世和起源神话中，古埃及发展出重叠的故事或神系，但是彼此之间并不相互破坏，而是随着时间彼此吸收；而对神的创造隐含着人文的诞生。

六、历法和年表

埃及的历法和年表是史学家希罗多德在第27王朝时期（公元前525—404年）拜访埃及期间吸引他注意的主题之一。希罗多德与孟菲斯、底比斯和赫里奥波里斯的祭司们进行探讨后得出结论……他们对年代和年表的记录要在三个方面优于同时代的希腊人：

（1）对事件发生时一直保持书面记录；
（2）利用谱系学来构建年表；
（3）历法的组织。

在年表领域，希罗多德描述了一位来访问的希腊米利都的历史学家赫卡塔埃乌斯（Hecataeus of Meletus）被底比斯祭司们弄得狼狈不堪的故事。这个希腊人无法让祭司们相信他跟"一个16代以前的神"有关系，[17]因为除了书面记录以外，他们通过制作雕像来记录他们自己的祭司族谱。

希罗多德接受祭司们的主张，认为"通过对天文学的研究埃及人发现了太阳年，并首次把它分为12个部分……（并且）一年由12个月组成，每个月30天，每年另外增加多出的5天，这样就完成季节的有规律的循环"。[18]希罗多德认为，这种做法比希腊人"每隔一年多加一整个月"的做法要高明。

现代学者基于四个基本的来源来绘制埃及历法的发展过程：[19]

（1）源自尼罗河汛期三个季节的农业历法；
（2）确定节日和典礼的太阴历；
（3）对"天狼星（Sirius）的升起"的利用；
（4）用于行政、财政和经济方面的民用的或者简化的历法。

埃及的历法让希罗多德印象如此之深以至于让他对其他历法的发展产生了最重大的影响。

基于尼罗河洪水的农业历法分为三个季节：第一，泛滥和播种期；第二，即将收获期；第三，下一个洪水期来临前的低水期。由于洪水受复杂的源头控制，所以各季节也是无规律和多样化的。以此历法计算的一年时间长度从336天到415天不等。

帕克(Parker)把太阴历当作是"第一个有记录的埃及历法",是来自非洲传统的幸存者(可与流传在龙嘉(Loanga)的马赛人(Masai)和沃茨啥嘎斯人(Wadschagas)的系统相媲美)。⑳

依据此历法,一年一般只有354天,12个月分别以最重要的节日或者欢庆的神来命名。如果一年的第一个月落在天狼星(Sothis)升起的11天内,这就是闰年,就会增加一个闰月,这样的情况大约每三年出现一次。根据帕克,修改过的太阴历在民用历法建立以后得以确立。

埃及天空中最亮的天狼星,在埃及时间的计算中充当了至关重要的角色。在太阴历中,天狼星的升起标志着一年的开始。约从公元前5 000—公元前4 000年开始,尽管存在不可避免的变化,天狼星的升起也与尼罗河的汛期联系在一起。阴历闰年加入的第13个月把新年那天与天狼星升起的日期保持大约一致,并落在尼罗河泛滥期内。这样的计算是一种足以保证农历和宗教大事的历法,但不是为了更高级的经济和集中管理的体系,因此,民历的形成至少在约公元前2 500年后。

自那时起三种历法一起使用:太阴历、基于尼罗河泛滥的农用历法和民历。民历由于它的集中管理的结构和希罗多德列举的相对的优势而在埃及占支配地位。它的规律性一直吸引着天文学家们,甚至到埃及亚历山大时期(2世纪)的克罗狄斯·托勒密(Claudius Ptolemy)和哥白尼(16世纪)。在埃及它使用了3 000多年,经埃及和埃塞俄比亚的科普特教会稍作修改后,波斯人和印度巴斯人(Parsee)又继续使用了2 000年。

在西方,发展的里程碑是自公元前46年尤利乌斯·凯撒(Julius Caesar)制定的罗马儒略历(Julian Calendar)以及自公元前30年或公元前26年亚历山大的奥古斯都大帝首次采纳希腊的埃及天文学家索西琴尼(Sosigenes)的建议。教皇格里高利的"奇怪的大杂烩"格里高历(Gregorian calendar)于公元1582年制定,一直沿用至今。

七、文献/档案

为什么埃及人对他们的记录精心保护了几百年甚至几千年呢?这肯定一直是埃及历史思考中的一个基本问题。事实上它是埃及历史实践中的一个基本元素。这里我们关注的是创建和保存下来的档案类型和文献史。被抄写在石板上现保存在英国博物馆里的第25或者埃塞俄比亚王朝(约公元前747—公元前656年)法老沙巴卡(Shabako)的言论,是现存的有关孟菲斯神系的唯一版本,成为档案工作者和历史学家们真正的证据：

> 陛下重新把这份文献刻写在他的父普塔神的宫殿上。陛下发现祖先的遗产已被虫子吞噬，无法从头到尾（完全）清晰辨认。为了让他留芳千古，他的遗迹在他的父普塔神的宫殿上永久留存，因此陛下重新书写，让它比以前更美丽。㉑

这份文献被认为源自古王国时期，比沙巴卡的年代早1 800多年，该文献本身也抄自前王国时期公元前4 000年一份更早的版本。这份文献被保存在一份易碎的纸草书卷上，直到沙巴卡把它镌刻在永久的石头材料上，期望能确保它的"永久性"。然而，它后来的结果证明珍惜的态度比保存文献和档案的材料更重要。在基督公元之后，当对这份文献的价值感和关联性消失后，这块石板被当做一块"磨盘"，而多达三分之一的文本被毁坏。

因此，这里讨论的文献和档案，是根据其类型而不是基于它们被创造或者保存的材料来确认的，同时，还借鉴雷德福德（Redford）对王表、纪年和日书的分类。㉒

王表对统治者们按照继承的顺序进行组织，并标注他们的在位年数。都灵王表是现今唯一仅存的真正原始的埃及帝系表，在古埃及新王国时期第19王朝（约公元前1320—1200年）拉美西斯二世统治时期抄写于纸草纸上。埃及法老的名字标注模式如下：标题"上、下埃及法老"，椭圆形的图案上包括法老姓名、一串数字表明在位的年数、月份数和天数，通常有时也包括寿命。除此之外还把不同法老姓名划分到不同部分（代表1 000多年后曼涅托建立的朝代表）。小标题包括有大九神和小九神以示早期神话中的统治者。从王朝时期埃及统一后人类的统治，对各个部分的划分界限的标准就是法老们的居住地。抄写员通过使用绰号补充了历史信息，如称法老左赛尔（Djoser）为"开创石头（事业）的人"。对都灵王表的抄写表示里面的国王是抄写员们以前抄写的原始资料中没有出现过的。

在王家和私人墓葬里和寺庙里出现大量被抄写在纸草纸、陶片和石碑上，主要与宗教内容相关的法老和祖先的"列表"。从中王国时期到新王国时期，有许多这样与阿比多斯和孟菲斯联系在一起的姓名，但是大部分的例子还是跟底比斯的传统相关。不同的公职人员在他们供职期间在所属国王的墓葬或者雕像的铭文和其他的文献中罗列出国王们的姓名。正如希罗多德所表明的，有些祭司宗谱和官员宗谱也给王室继承和年表提供了补充材料。

然而，曼涅托王表的特点是埃及上千年历史里对王表传统的辛苦努力的证明。例如,对历史兴趣的复兴很明显发生在第18王朝,以及图特摩斯一世和三世的征服把埃及开放给了外部世界,而且对坟墓和寺庙里的亡者进行祭奠的做法也提供了继续创建王表传统的机会。然而,在不同时期也出现威胁这一传统的某些情况:王朝更迭、外部入侵或者内部动乱时期、中断期,还有像阿赫那吞(Akhenaten)那样在位时正式宣布宗教改革但最终被历史淹没的时期。

因此,"'创建'王表是非凡的传统,已经从都灵王表一直长盛不衰保持到托勒密时期这一点上得以证明",㉓并成为历史学家曼涅托对埃及整体描述的最宝贵的部分。

纪年在古埃及语中称为gnt(单数)、gnwt(复数),很明显来源于"一块精制的木板"㉔之意,意思是一篇雕刻的文献或记录。这个词汇在古、中和新王国时期出现在与信仰、纪念门柱上的铭文和描述神性有关的文章里。在大部分语境里,一个国王的纪年由一个主神"建立""公布",并由另一个神铭刻在树枝或者碑上。充当主神的有阿蒙、阿图姆、普塔、哈维瑞斯(Harweris)、荷鲁斯、孔苏(Khonsu)、拉,有时还有透特和女神塞莎特(Seshat)。抄写的角色属于透特,但是有时候也会指派给女神塞莎特、塞夫赫特-阿布韦(Sefkhet-abwy)以及孔苏和荷鲁斯。

在少数一些情况下,国王纪年出现在跟命运有关的语境中,并在王朝统治最初的加冕礼上或甚至是在统治者出生之前建立。根据下列的文本:"正是您的库(Ku)通过您的行为创建了记录",而另外一个指的是"在他(国王)出生前就被命名"㉕的记录。加冕的语境暗示着神权授予的王位正统性的建立可以长达多年,通常有上百万年,是"永恒"的。记录也与庆祝神的节日有关。如此一来记录就有了神秘的因素,因为在朗读和雕刻他们的时候就隐含着神,同时也因为含有"在生命之屋里的神和女神的记录"之意。

纪年的其他特征无疑就是对来自"前辈""祖先"、"以前的人""拉以后的时代"以及"早期年代"的过去的书写记录。㉖纪年很难破译的特征已经证实他们作为对过去记录的这一古老的特质。这样一来纪年就是对即位和加冕的记录,或者是庆祝神的节日(sd)、神庙奠基、尼罗河泛滥、战争和奇迹的记录,以国王即位纪年的形式组织并保存备案。最著名的例子就是巴勒莫石碑和开罗的碎片。

日书,hrwyt,是纪年的书面衍生物,以每日或者特殊日期的日记、分类账或者事件记录表的形式出现。然而它没有获得官方的地位,并且同样形式或者类型的文献也有其他称呼,如"每日记录"。现存的资料表明了它的日常的本质。

祭司在坟墓和坟场上的金字塔神殿里记录下工作和任务;在国王的住处里,官员记录下所有活动和重大的日常事件;在财政部、造船厂、军事设施和远征队,收入账目、支出等记录也每日都进行着；在司法部，注有日期的契据副本、遗嘱和其他法律文件被归类为日志；同时，也包括法庭往日的派遣。㉗

八、曼涅托

曼涅托，高级祭司，出生于赛本努特（Sebennytus），生活在希腊托勒密时期（公元前305—公元前30年）的赫里奥波里斯城。他被赞誉精通埃及知识并通晓希腊语。㉘他的名字来自希腊管理文字的神，意为"透特的真理"；他在赫里奥波里斯城的办公室做的学问就跟"文字女神，图书馆之神——女神塞莎特"㉙的工作是一样的。他从事的有关埃及的历史工作在某种程度上就是纠正早期埃及希腊历史的错误。曼涅托特别批判了希罗多德由于忽视地方传统和记录所犯的有关事实上的错误。曼涅托从托勒密二世菲拉德尔弗斯（Philadelphus，公元前285—公元前246年）那里接受了撰写《埃及史》的任务，其实，某种程度上也是前两任托勒密国王要培育埃及祭司阶层和知识阶层的声誉这一政策的延续，并希望得益于埃及人的才智。《埃及史》的写作也是来自亚历山大图书馆和博物馆的授权，是在托勒密一世给希腊历史学家阿布德拉的赫卡泰戊斯（Hecataeus of Abdera）的任务的基础上的进一步发展。

因此，曼涅托的《埃及史》代表了希腊努力去理解埃及传统以及发展埃及历史实践的高峰时期。它代表着从收集和保存历史记录发展到使用史料以构建对过去的正式叙述。可惜的是，曼涅托的三卷本原著已经遗失而仅留存了王表，这对正确充分地评价他对史学的贡献造成了困难。

曼涅托丰富的背景足以让他有资格纠正希腊历史学家们的错误，并在埃及宗教和文化方面指导希腊民众。实际上，他是整个希腊历史原始材料保存传统和历史思想的继承人。然而很明显他只是研究了神庙里保存的记录和书籍而没有对遗迹进行实地研究或询问信息提供者。㉚曼涅托时代神庙档案馆和图书馆等的贮藏可能囊括了王表、年鉴、神话参考书、至理名言、占星和预测文献、宗教仪式书籍、目录和财产清单以及神庙日书。然而，一个神庙储藏室里正常情况下不可能保存政府资料：报告、日书、人口普查名单等。曼涅托使用的口述资料，很有可能是来自神庙档案馆和图书馆里的成文文本。这些资料有可能是对纪念碑、石柱、浮雕等上面的铭文或者有关它们的铭文的通俗的解释。曼涅托把他写的历史的早期阶段划分成神、半人神、亡灵时期，很明显就是他依赖口述资料和古代王表传统的表现。

《埃及史》有可能以叙述的形式对王表进行延伸。早期的争辩可能影响到它在初期缩小成《摘略》，把王朝从30个扩展到31个。这成为基督徒作家朱利乌斯·阿非利加努斯（Julius Africanus）和优西比乌斯（Eusebius）采用的版本的基础，他们试图用埃及的编年史来证明犹太民族和《圣经》里摩西的故事古已有之。正是约瑟夫（Josephus）著的《驳阿皮翁》（Contra Apionem）中使用了曼涅托的原创。他抄写了摘录以及另外一位学者的批评。犹太人和基督教的学者认为喜克索斯王朝的侵略者就是以色列人，但是由于曼涅托明显地认为他们是麻风病人而被否认。

希腊和罗马的学者对曼涅托的《埃及史》兴趣不大，我们只是在"普卢塔克（Plutarch）、西菲勒斯（Theophilus）、艾利安（Aelian）、波菲利（Porphyrius）、第欧根尼·拉尔修（Diogenes Laertius）、狄奥多勒（Theodoretus）、吕底亚（Lydus）、马拉拉斯（Malalas）、柏拉图的评注和希腊词汇百科全书"[31]中发现一些片段。希罗多德、赫卡泰奥斯（Hecataeus）以及其他学者的著作相对更容易得到。

曼涅托的本土继承者没有特别大的影响。罗马时期曼德斯（靠近曼涅托在尼罗河三角洲的家）的托勒密（Ptolemy）和被约瑟夫用文字批判过的阿皮翁（Apion）几乎也是不为人知。曼涅托的整体成就获得了作为参考标准的地位，因此，在其之后的解释都被称为伪曼涅托。它给从19世纪之交以来埃及古物学领域中的埃及历史年代学提供了框架和基础。

九、历史哲学

埃及的历史经验揭露了遍布在生活诸多方面的历史思想。通常他们是如何思考历史以及作为一种智力活动对历史进行复原的？这可以从三个方面进行调查：首先，研究智慧书、沉想指导、诉苦和哀歌以及对话文学；其次，研究包含或体现在曼涅托《埃及史》里的观点，这些观点是埃及人史学艺术实践的顶级综合体；最后，探讨现代西方对埃及历史思想的一些评价。

目前从纸草纸、陶片和碑文里找到的古埃及文献数量相当大，但是在尼罗河流域上千年的文化繁荣中却只占了很小的一部分。对口述、歌曲和诗歌都有研究，但是有关戏剧文本或者史诗文献至今也没有发现。[32]

其中有一个类型，埃及人特别称之为"斯伯耶特"（sboyet，意思是"教导"或"教谕"），其特点最接近哲学类的文本，通常被认为是智慧文学。哀歌和诉苦或者是悲观主义文学和对话被认为是智慧文学的一个分支流派，在这里指的是对历史的思考或者是历史的实践或影响。

文学对智者、抄写员、先知和歌手进行认定和赞美，如哈迪德夫（Hardedef）、英霍特普(Imhotep)、尼菲尔蒂(Neferti)、凯提(Khety)、阿蒙涅姆赫特国王(Amenemhet)、卜塔汉姆吉胡蒂(Ptahhemdjehuty)、哈卡汉普松布(Khakheperresonbu)、普塔霍特普(Ptahhotep)、凯瑞斯(Kaires)、伊普尔(Ipuwer)、阿蒙那赫特(Amennakhte)、阿蒙内莫普(Amenemope)、安尼(Anii)、皮椰(Piyay)、霍里(Hory)、温内费(Wennefer)等人。在《竖琴师之歌》(The Song of the Harper)里,特别突出并纪念两位智者:

> 如今我听到
> 莱霍特普(Lyehotep)和哈迪德夫(Hardedef)的语录,
> 这些言论在谚语中被反复引用[33]

在另外一个文本里,书吏和他们的作品和书籍被认为比金字塔和石碑更经久不衰:[34]

> 对于从神的历任继承者们那里学到文化的人,甚至是那些预示未来的人,尽管在走完他们的生命历程后他们会死去,尽管他们的家族会被遗忘,但是他们的姓名将永垂不朽。
>
> 他们建造的金字塔和石碑并不是铜铸铁浇。他们知道他们的继承者并不是能叫出他们姓名的子孙,而是通过他们自己的作品和教谕类书籍一代代传承下去。
>
> ……教谕书籍就是他们的金字塔,芦苇笔就是他们的孩子……
>
> 为他们建造的门和墙都倒塌了。他们的奴仆已经死去,他们的石碑被灰尘淹没,他们的房间已经被遗忘。但是由于他们所写的书,他们的名字被一遍遍地提及……具有更高价值的是书,而不是一块坚硬的石碑,也不是屹立在纪念堂里的一堵墙。
>
> 一个人最终要死亡,他的尸体最终归于尘土……但是他的作品让他的姓名挂在那些诵读者的嘴边。具有更高价值的是书,而不是建筑师建造的房子,也不是墓地里的纪念堂。
>
> 这里还有像哈迪德夫那样的人吗?还会有另外一个英霍特普吗?在我们的同类中没有像尼菲尔蒂和凯提那样领军似的人物。让我提醒你们还有普塔汉姆吉胡蒂和哈卡汉普·松布。还会有第二个普塔霍特普或凯瑞斯吗?

那些预示未来的哲人,他们口中所预示的都已经发生……他们已死去,他们的名字被遗忘。但是他们的作品让他们被记住。

教谕就是哲人的教导,通常是针对他的儿子,但是也包括对一般事务的论述,主要是用来当作学校课本。他们所表达的思想涵盖了普遍的生命问题,有关历史的观点必须仔细梳理才能从中挑选出来。

《普塔霍特普教谕》或称《普塔霍特普箴言》是第5王朝(约公元前2350年)伊塞西国王的一位维西尔(古埃及高级官吏)所写,尽管现存的复本追溯到中王国时期,其修订本源自新王国时期。在一次公开的对话中,这位官员寻求王室的允许,用"审判官的话,那些前人的建议"来教导他的儿子。国王命令普塔霍特普(Ptahhtep)"教导他/过去所说的东西"[35]这种交流表明普遍的埃及思想观念里认为智慧来自年龄,而经验是年龄的结果。换句话说,智慧等同于历史知识。在叙述中好几次提到,古老的知识传递主要是指父亲把知识传给儿子:"一个人从他父亲那里学习""儿子要接受他父亲所说的""你的教导基于你的倾听者……儿子""会倾听的儿子就像是荷鲁斯的信徒"。[36]

儿子对父亲智慧的臣服事实上就是教谕传统的基础,子女遵守父母的教导并把它传递给"孩子的孩子"。[37]

国王美里卡拉(Merykara)(第9、10王朝:约公元前2130—公元前2040年)不知名的父亲这么教导他:

"效仿你的祖先……他们的言辞都在书中……阅读并抄写这些知识"[38]以及"灵魂来到它所知道的地方,它不会逾越过去的方式;没有任何魔法能对抗这一点,而且它将靠近那些给它浇灌的人"。[39]因此,历史被提升成为最高的裁决者,让那些精心照料它的人受益。然而,聪慧的老师同样也知道未来以及来世必然的召唤:"灵魂去它所了解的地方,且不会偏离它昨日的路",并且"代代相传"。[40]事实上,通往未来和来世的紧迫的时间给行动提供了主要的动力:"一个为前辈工作的人,带有这样的欲望,即他现在所做的可能会被他的下一任继承和发扬。"[41]老师教导美里卡拉王:"在你的财富比例中留有一定的不朽作品,因为一天能代表永恒,一个小时能代表未来的利益……"因为"为了后代而行动乃是一件好事"[42]。

在新王国时期希伯来谚语书《阿蒙涅莫普的教谕》(*The instruction of Amenemope*)中,与口述传统一起,"智慧文学"坚定地建立起它的持续性。在书中尊敬父母的传统被扩展为对所有长者的尊重:

不要伸手碰触一个长辈，

也不要打断长者的话

不要斥责比你年长的人

因为他比你更早见到太阳……

太阳神拉最讨厌看到的

就是一个年轻人责备比他年长的人 [43]

　　"悲观主义文学"（Literature of Pessimism）包括哀歌、诉苦、沉思和预言，它始于这样一个局面：时间脱节，历史进程在它的正常进程中变得错乱。用《厌倦生活的人》中的话说，"没人记得过去"。[44]根据先知伊普尔，书吏"被杀害，他们的作品被拿走""雕像被焚烧，他们的坟墓被摧毁"。[45]

　　然而，并不是所有的智者都赞美保守的思想并惋惜它们被遗弃。哈卡汉普松贝（Khakheperre-sonbe）对混乱时代的反应是大声疾呼解放思想：

　　难道在新语言中，还有我不知道的言论和博学的用语是没有被使用过的吗？不要重复常用的，不要重复过去言论中的用语/（我们的）祖先说过的……我所说的没有被说过。[46]

　　在曼涅托的《埃及史》中反复出现的主题或许可以成为发现埃及史学系列元素的一个关键。[47]大量出现在文献上的这些主题和石碑上的铭文都表明了口述传统（sdd）或者口头流传的民间传说的连续性。反映在"悲观主义文献"中的一个普遍的主题是"解散和复原"，这个主题组成了"困难时期"叙述的主旋律，紧接着统治者们宣称开展空前的复原工作。这些叙述成了新王国时期以后阶段的主导。经常被提及的导致这些困难的原因包括海民、喜克索斯人、来自东方的亚洲人、利比亚人和努比亚人的入侵；内部叛乱和革命，例如，埃赫那吞（Akhenaten）改革。

　　另一个相关的主题是有关"不纯的人"，主要来自北方人的入侵，以及对主要来自南方的人的驱逐。在曼涅托的作品里，这个主题通过这个故事得以例证：瘟疫缠身的人被赶到矿场，由造反祭司奥萨斯夫（Osarsiph，被认为是摩西）组织起来。在被阿蒙诺菲斯（Amenophis）国王和他的后代放逐到埃塞俄比亚之前，他邀请来自耶路撒冷的牧羊人在埃及统治了13年。

　　这些模式化的主题可以在历史中找到原型，并确认了埃及史学在口述传统和文字传统之间的联系。

使用过度的技术定义这个领域、过度集中研究埃及环境或者埃及历史中某些因素,以此来评估古埃及对史学所作的知识贡献,西方的评价有点苛刻。⑱在《历史起源》一书中,赫伯特·巴特菲尔德(Herbert Butterfield)认为,典型的埃及历史编年史,最终只"是对历史写作的妨碍",然后用希伯来和希腊的贡献开始讨论历史学科。柯林武德(Collingwood)的经典之作《历史的观念》对历史哲学的定义特别苛刻,他把古埃及早期和最初的文明以及其他早期亚非文明的贡献都排除在外。即使是勒德洛·布尔(Ludlow Bull)对埃及过去历史有积极的评价,也认为由于尼罗河峡谷地理上的相对孤立,埃及对历史的看法具有"静态的特点",并且认为,"他们存在的条件……一直是,而且也将是,受神统治,而神的意志和目的是完全神秘的"。

雷德福德(Redford)在他定义"历史来源领域批判"时非常谨慎,详细描述了在埃及历史实践中特定类别的历史,却否认"传统意义的历史写作"的存在。他认识到埃及人对过去的考虑和意识的抽象概念的发展,但是排除:

(1)历史进程中不变性和循环性的观念;
(2)永恒和持续性的愿望;
(3)对长寿或"寿命"的喜爱;
(4)对以具体成就的形式次序的热情;
(5)对神圣的祖先的崇拜;
(6)神圣参与的观念,以及甚至是;
(7)神圣的因果关系,在历史里被称为hprt,表示"那些已经发生的事"。

约翰·威尔森(John Wilson)对古埃及思辨思维的评价考虑到了它作为开拓者的角色、它早期的繁荣以及其对邻邦文明的影响,这些文明后来对西方思想的贡献已经普遍得到认可。根据他的说法,"埃及的庞大在她的邻居身上留下了印记"(包括希伯来和希腊),而他也认为:他们对"所有埃及人的智慧"的情感,是"模糊的且不带批判的"。

很明显,从平衡方面看,西方对埃及在历史思想方面开创性贡献的欣赏远没有对埃及在艺术和建筑方面达到的成就的欣赏来得多。

第三节　埃及文字和交流系统

埃及通过文字储藏信息和交流的传统影响了非洲相邻地区类似系统的发明。

埃及象形文字的传播给麦罗埃文字的发展提供了最直接的刺激。通过埃及文字系统的间接影响而形成的其他文字要晚很多,如古迦太基(Punic)文字和利比亚(Lybian)文字,通过希腊字母和埃及世俗体文字形成了科普特文字,通过南部阿拉伯文字体系形成了埃塞俄比亚文字。

在非洲其他地方通过助记手段储存信息的本土系统也非常有名。⁴⁹随着7世纪伊斯兰扩张引进阿拉伯文字,以及14世纪末紧跟着欧洲扩张和帝国主义带来的罗马文字,一些非洲社群发明了新的原创文字,很有可能受阿拉伯和罗马文字体系的影响。每一个非洲体系满足了发明它们的文化和社会的需求。

一、麦罗埃文字

努比亚王国使用埃及语言的象形文字作铭文,直到前2世纪努比亚人用一种当地的语言发明了一种完全不同的文字,这样随着王国中心从纳帕塔转移到麦罗埃才远离了埃及的影响。两种模式或文字差异较大,一种使用的23个符号改编自埃及象形文字;另外一种是简化的文字或草写体,其中,一些符号源自埃及世俗体文字。以象形文字为基础的文字类型主要用于坟墓和神庙墙上的铭文,而基于世俗文字体的类型则更加大众化,出现在墙上的涂鸦、陶片和纸草纸上。

麦罗埃文字主要在内部结构上区别于埃及文字。麦罗埃文是拼音文字,使用23个辅音符号、2个音节和元音符号。基于象形文字的系统,其单词由3个点进行划分,而世俗体系统中是2个点。

尽管在1909年弗朗西斯·卢埃林·葛利菲斯(Francis L. Griffith)从一个同时写有埃及文字和麦罗埃文字的文本中破解了文字的主要形式,语言本身却一直不为人所懂。麦罗埃文字的主要问题是如何理解文字中的语言。⁵⁰尽管我们掌握了文字本身的知识,但是除非破解了该语言,否则文本无法解读。现在对该语言研究的重点放在对比努比亚语和其他非洲语言的比较上。

二、古迦太基文字和利比亚文字

腓尼基人把闪米特文字带到西方地中海包括北非在内的部分地区。腓尼基或古迦太基的文字是拼音文字,有22个字母,从右到左书写。

利比亚文字可以追溯到公元前1 000年左右,也体现在一些突尼斯和努米底亚文字中,后者的现代版本——柏柏尔文字仍然被图阿雷格人(Tuaregs)使用。西班牙文字的多样性是众所周知的图尔德泰尼语(Turdetanian)。⁵¹

三、埃塞俄比亚文字

埃塞俄比亚文字大约建立在阿克苏姆王国时期,与4世纪南部阿拉伯的闪族语系有关。埃塞俄比亚的库施特语最终创建了独特的特征,包括"视觉外观不同,字母重新排列,书写方向不同(从左到右),而最重要的是系统化和规律化的发声法"。[52]它成为一种与印度语类似的音节文字,由27个辅音和7个元音组成。

四、科普特文字

科普特(Coptic)一词在希腊文中为"艾古普托斯"(Aiguptos),阿拉伯文为"古比提"(gubti),意思是"埃及语",仅仅是埃及历史上罗马和基督教时期一种取代埃及象形文字的新文字。

标准的科普特或沙希地(Sahidic)语由24个希腊字母和6个来自埃及世俗体文字组成。它是一种表示元音和辅音的字母文字,总共有32个符号,其中25个来自希腊语,7个来自埃及世俗体文字。[53]

科普特语可以追溯到1世纪末到13世纪。在科普特教堂和努比亚教堂里它仍然以一种变体形式作为礼拜仪式的语言在使用。

有大量的科普特语文献主要与修道院里的《圣经》和宗教的主题有关。大部分的文本都是用芦苇笔和墨水书写在纸草、陶片、木牌、羊皮纸和纸上。

五、索马里文字

所有的索马里文字都是现代人受阿拉伯和罗马字母文字影响而发明的。[54]

最有名的是约1920年奥斯曼·尤瑟夫·肯纳迪(Ismaan Yusuf Kendiid)发明的奥斯曼亚字母(Ismaaniya),他同时懂阿拉伯语和意大利语。这种文字完全是字母文字,由19个表示辅音和10个表示元音的原创字符组成。

第二种是约1933年谢克·阿布杜拉曼·谢克·努尔(Sheikh Abdurahman Sh. Nuur)创造的仅在噶达布尔希地区使用的文字,并没有受到广泛应用和关注。噶达布尔希文字(Gadabuursi,又称博拉马文字)使用21个辅音和7个元音。

奥斯曼亚和噶达布尔希文字都是从左到右书写。

六、塞拉利昂的门迪文字

门迪文字是穆斯林的裁缝基什米·卡纳拉(Kisimi Kamala)在1935年用3个半月的时间发明的,由约190个字符组成。它与邻近的利比亚地区的瓦伊(Vai)语有关。

七、瓦伊文字及相关文字

瓦伊语属于音节体系,约1814年至1816年在马尼亚·戈托洛(Manja Gotolo)国王统治时期由杜阿洛·布凯勒(Dualo Bukele)发明。⑤布凯勒在睡梦中见到一个神灵在沙子上书写字符,并强烈要求他把字符免费教给社区居民:"汝免费获得,也要免费给予……""唯一的学费将是一瓶棕榈酒,其中,一部分必须以书神的名字洒在地上。完成学习后,必须要送给老师一只带有白色羽毛的家禽。"布凯勒招募他的朋友们〔默默路·杜瓦·沃格贝(Momolu Duwau Wogbe)、塔米(D.Tami)、贾·赞沃(Jaa Zaawo)、佐鲁·达巴格(Zolu Tabaco)、贝莱科勒(J. Belekole)和卡赫尼·巴拉(Kahnie Bala)〕帮助他在通贝(Tombe)和嘎瓦卢(Gawalu)建立学校。

1849年,西方世界得知这种文字,随之,德国语言学家柯依雷(S.W. Koelle)进行研究,并在1924年左右在汉堡大学进行教授。相应地,瓦伊文经过瓦伊语老师和学者多次的修改,他们用瓦伊文翻译了《圣经》和《古兰经》,并抄录了瓦伊人传统的起源。这种文字就成了瓦伊人历史实践的一种工具。

瓦伊文字是除埃及文字以外在非洲最早的文字体系。它是一种音节体系,使用"约226个音节符号和少数一些文字符号"。⑥

在西非同一地区的其他文字表明瓦伊交流系统的实践促进了思想的传播。这些文字包括门迪文字、巴萨(Basa)音节表和利比亚的科佩勒语(Kapelle/Kpelle),以及几内亚的托马文字(Toma)(187个符号)和格尔泽文字(Gerze)(87个符号)。

八、喀麦隆的巴蒙文字

巴蒙(Bamum)文字是在1895年至1896年恩乔亚国王(Njoya)创造出来在皇宫内使用的一种交流方式。很明显,它是恩乔亚国王和他的酋长们一起从法语、德语和英语的文字中改编过来。⑤该文字的音节表从一开始的510多个符号渐渐缩减到70个符号。这样它才开始朝字母文字发展。

九、尼日利亚文字

尼日利亚发明文字的例子同样表明了埃及体系以外的其他文字的原创性,它们仅受来自阿拉伯或罗马文字的间接影响。事实上,凯思琳·豪(Kathleen Hau)在《黑非洲基础研究集刊》一系列的论文中提出,这些文字的起源可以追溯到阿拉伯和葡萄牙人到达西苏丹和西非海岸之前。⑧她建议,在贝宁埃多人和约鲁巴人以及其他族群的艺术中进行系统的研究找出证据,以寻找符号交流的早期体系。

尼日利亚最著名的符号体系是在克里斯河州(Cross River)盆地的埃科伊族人(Ekoi)、伊比比奥人(Ibibio)、埃菲克人(Efik)和伊博族人(Igbo)中使用的恩西比迪(nsibidi)文字。[59]它主要在埃克佩(Ekpe)、尤克坡蒂奥(Ukpotio),尤克乌(Ukw),伊宋·艾斯尔(Isong Esil)等其他秘密的团体里使用。这些符号纹在妇女的脸上和身体上,刻在葫芦、墙和三岔路口等地方来传递通知或警告。因此,一些符号被社区居民广泛得知,但是多数符号还是保留在那些使用恩西比迪文字的秘密团体成员手中,他们通过符号开展长期的讨论。多达500个符号被记录下来。然而,伊比比奥人用它在祖先的神殿里题刻历史信息。

另一个在伊图地区伊比比奥人中使用的但是没那么有名也离现代更近的文字是欧贝瑞·欧凯米(Oberi Okaime)文字,它是一种文字、新的语言以及数字符号系统。[60]它是神的圣灵(Seminant)在一位名叫迈克·乌克庞(Michael Ukpon)的睡梦中显示,并在1927年到1936年间由伊迪戴普(Ididep)的阿克潘·阿克潘·乌都菲亚(Akpan Akpan Udofia)写下来。

欧贝瑞·欧凯米是一种超自然发明的新的交流系统,被用于一个宗教团体,其成员学习并使用它来交流教义和《圣经》。这种文字只有32个符号,数字符号从1到20。

像瓦伊语一样,欧贝瑞·欧凯米语也在特别的学校里以正式的体系进行教学,而且两者都是通过梦境来传递。欧贝瑞·欧凯米语作为新语言跟巴姆穆语也很相似,不同的是除了伊比比奥的情况被认为是通过神的指示创造而不是通过有意识的努力发明出来。

第四节　非洲文字和史学

由于埃及的缘故,非洲在古代近东、亚非地区享有文字起源的声誉,为这些地区作了很大的贡献。令人惊讶的是非洲人参与到亚非地区的历史活动也得到了回馈,其结果就是早期文字体系的发明:苏丹地区的麦罗埃文字,非洲之角的埃塞俄比亚文字和北非的利比亚文字。

在非洲的其他地方,最早通过艺术实现了储存信息和思想以供将来参考或交流:史前时期的岩画和雕刻,陶罐、象牙、木头、布帛等上面的符号和铭文,但是大量的符号信息被纹在身体上、写在沙子或黏土、树干上等,后人已经无处可寻。然而,那些刻在艺术品上的有关过去的证据还仍有待非洲的历史学家们的关注,这些艺术品从遥远的年代或是在新近被保存下来。

我们也注意到,在非洲保留下来的有关宗教和文字之间的普遍关系的证据。埃及人把文字的发明归功于透特神。同样地,其他文字的发明者们把它归功于其他超自然的代理人:欧贝瑞·欧凯米文字归功于神的圣灵,瓦伊语归功于"圣灵"而托马语归功于上帝。人类发明者被记住的地方,都是超自然通过梦境和幻象作为传递的媒介。欧贝瑞·欧凯米文字和恩西比迪文字仍为宗教团体专用。

内部文字系统对非洲史学的影响极小,经常被忽略或忽视。文字系统在埃及范围之外的影响也一样很小,大部分情况是因为文字只被有限的秘密团体使用,除了瓦伊语,它的潜力还有待历史学家们去开发,而恩西比迪文和欧贝瑞·欧凯米文仍然没有引起尼日利亚历史学家的注意或被他们忽略。

埃及象形文字一直都是整个埃及古物学学科的基础。由于从非洲史学中分离出来,因此,它对非洲史学的贡献一直被忽略,而且许多学者没有考虑到这个内部的书写系统可以应用在整个非洲。非洲的史学家们不得不有意识地努力去掌握整个古埃及的历史并学会必要的技巧把古埃及的历史跟非洲大陆上其他史学结合在一起。

我们注意到,大部分在埃及系统之外的"最近的"文字都是一些文盲或只掌握极少的阿拉伯/伊斯兰或罗马文字的人发明出来的。然而他们都了解这些交流系统的威望,并渴望这些文字能给他们的居民带来好处。根据一份对几内亚托马文字发明的叙述,只要托马人坚持忠诚于他们自己的传统,神就会满足维多(Wido)的愿望并让他们能追赶上其他的文化:

> "上帝对托马人难道没有怜悯吗? 其他种族都有文字,只有托马人仍处在无知中。"上帝回答道:"我担心当你们能够表达自己的时候,你们将不会再尊重你们自己种族的信仰和习俗。""当然不会",维多回答道,"我们将仍然像过去那样生活。我保证。""如果真的是这样",上帝回答道,"我愿意赐予你知识……"[61]

在他费尽心思解释读写能力相对口述传统的优势后,古迪(Goody)不得不承认即使是在西方的书写传统里,文字仅是"对口头传递的添加而不是供替代的选择"。古迪举的一个例子是伊斯兰文字从西非传到马达加斯加,这个外来的文字没有促使本土文字的出现,而仅仅是被使用在神秘的、占星术的以及其他的用途上。[62]

那么,这些久负盛名的文字传统对埃及史学有什么样的贡献呢?

◆ 第四章 伊斯兰传统 ▶

> "在上层的人声称控制了审判官,在下层的人也宣称控制了审判官,但是只有审判官知道谁控制了他们。"

>
> ——尼日利亚伊科维尔族(Ikwerre)谚语

第一节　引　言

伊斯兰教史学传统的起源,首先,可在阿拉伯口述传统中寻找;其次,先知穆罕默德(Muhammad)从公元622年迁徙开始历经20年的使命,贯穿了130年4任"正统"哈里发的统治(分别是阿布·伯克尔(Abu Bakr)、欧麦尔(Umar)、奥斯曼(Othman)和阿里(Ali));第三,从公元750年左右随着阿拔斯王朝的崛起历经约300年的古典时期所获得的成就。①

前伊斯兰时代的阿拉伯遗产都存在"大量的叙述、神话、诗歌和谚语中,经由口述传递代代相传"。②叙事散文主要存在于像"阿拉伯人的生活"这样的故事里,叙述了大量的战争和世族仇杀。谱系学回顾追溯普通的祖先们,记录有关领导者和部落的尊严、名望和荣誉,以及有关各种在历史中无法控制命运或定数的剧本,其中,"一天"隐含着一个群体生命中一系列值得纪念或关注的事件,通常是有关氏族仇杀的故事。

穆罕默德开始把孤立的阿拉伯国家的口述传统向有书写传统的普通史学转变。他试着在阿拉伯口述传统中采用一些来自圣书、犹太教及基督教历史传统中的基本元素。他的启示史学追溯到创世之始,一直到期待着未来的上帝审判日或上帝复活日的到来,到时那些听从先知[诺亚(Noah)、罗德(Lot)、摩西(Moses)、胡德(Hud)、萨利赫(Salih)、耶稣(Jesus)、穆罕默德(Muhammad)]警告的人上了天堂,而有罪的则下地狱。最终伊斯兰教的一神论提供了动力,促使早期阿拉伯无法控制命运的传统转向真主安拉（Allah）在新世界的历史中主宰一切。早期无宗教信仰的"阿拉伯人的生活"成了"贾希里亚"（jahiliya），指"蔑视和谴责"，③尽管实际上新的史学仍然是新旧思想的融合。

伊斯兰教的中心最初从麦地那转移到了麦加，最终离开阿拉伯地区到了伊拉克的巴格达（库法），再到叙利亚的大马士革。从7世纪到10世纪，伊斯兰史学复杂的大融合里增加了新的元素。按规定继真主安拉之后要纪念新的伊斯兰教和《圣经》中的祖先［亚当、诺亚、闪（Shem or Sam）、以实玛利（Ishmael）、亚伯拉罕（Abraham）、穆罕默德］。因此，新的谱系学和有关荣耀、高贵和名誉的标准都要求对信仰的忠诚；最终，新的源自先知穆罕默德生命和时代的传统开始形成。

主要体现伊斯兰教历史思想的术语是"阿克巴"（Akhbar）和"塔提克"（Tarikh）。

"阿克巴"（Akhbar，单数habar），与阿卡德语的Habaru同源，表示"吵闹的，制造噪音"。在阿拉伯语中，它表示"（有关重大事件的）信息"。④此术语逐渐表示跟穆罕默德及其他权威人物有关的信息，并成为Hadith的同义词，表示"传统"。

9世纪时，"塔提克"（Tatikh）一词到成为表示历史学科的术语。它的源头要追溯到闪族语中表示"月亮（月份）"的单词，可能源自南阿拉伯语tawrikh（tawrih）一词。这样"塔提克"就从表示阴历时间的信息概念发展到表示"日期"、"时代"的观念再到表示"一个组织严密、持久的政府的文献中最重要的日子""'纪元'之年"，以及最终表示"历史"和"历史研究"，即包含各种日期的研究。⑤

"塔提克"一词还表示"日记"，最早的例子是伊本巴纳（Ibn Bana, 1005—1079）和萨拉丁（Saladin）的秘书白萨尼（Baisani, 1135—1200）保留下来的日记，比欧洲发现的日记要早几个世纪。日记就用"塔提克"一词来表示，即指书，而白萨尼称之为muyawamat。与"塔提克"一词的相关信息在伊本巴纳的日记里可以找到证据，它的含义总是表示"固定（这一日）为一月的开始"。⑤ₐ

编年史或年鉴成为伊斯兰教史学的主要模式，在10世纪史学家塔伯里（Tabari）的时代进行了全面发展。正是这种历史写作的模式跟术语tarikh联系在了一起。也有编年史或年鉴只与某个特殊的统治时期有关，而有些编年史是一些普通的类型，记录一段时期内的几个统治时期。此类叙述发展成了通史。

构成传统的基础是纪事（khabar），"一种对战争时期的叙述的直接延续"，⑥是"对某一单独事件的全面描述"。一部纪事史的名称被添加上dhikr，有"报告"之意，amr"事件"之意，或tarikh，指"故事"。它的特点是"自我完备且独立"，以

"生动的短篇故事"的方式呈现,其中插入诗歌。

继编年史或年鉴之后,历史写作模式的第二个标准是名人传记词典。针对统治者、圣人、学者和其他类型的领导者特写的传记。代代相传的古老的阿拉伯传统里的谱系学和历史分期方法,在传记模式的发展中起着重要作用。然而,一些历史资料的储藏倾向于法律文书,如判例,或成为西非苏丹地区称为Nawazil的法律意见书,含有"对所审查问题的相关阐述"。⑦

最后,在穆斯林史学中很早就出现了书写史学中的优势元素——日历。古代阿拉伯的太阴历一年分为12个月,并在每个第3年增加成13个月。先知穆罕默德在他"辞别朝觐(Farewell Pilgrimage)"的讲道中,改成了严格的12个月的宗教日历:

> 在创世纪的时候,一年是12个月。
>
> 根据《圣经》,在上帝创造天和地之后,真正的12个月是上帝创造的月份数。⑧

哈里发倭玛亚下令宣告阴历年的开始。从那时起,伊斯兰纪年就开始从先知离开麦加前往麦地那的出走之日即公元622年7月算起,这个故事叫希吉拉(Hijra),即迁徙。这样一来公元622年成为伊斯兰教日历中的第一年,称伊斯兰教纪元一年(AH1, Anno Hijrae 1)。伊斯兰教一开始就建立的这一官方日历是史学的一大重要财产,进一步加强了"历史"与时间顺序排列事件有关的观点。

从10世纪开始,伊斯兰教史学的来源涵盖了世界上更广阔的地理范围,从波斯(伊朗)和土耳其到印度、孟加拉、巴基斯坦、亚洲东南部和印度尼西亚以东及以西地区,穿过非洲到达欧洲的西班牙。地理上的扩展适时地促进了区域史模式的发展并对伊斯兰教史学作出了贡献。

在非洲,伊斯兰传统跟各种不同的区域相互接触:

(1)埃及和北非,古代传统的摇篮;

(2)马格里布或伊斯兰西部,通往西班牙的大门;

(3)埃塞俄比亚和非洲之角,早期就有与南部阿拉伯半岛联系的历史;

(4)西撒哈拉;

(5)西苏丹;

(6)中部苏丹,来自马格里布和埃及的间接影响;

（7）东部苏丹，与埃及和中部苏丹人的接触；

（8）属于波斯、阿拉伯和印度人活动范围内的印度洋地区的东非。

因此伊斯兰教史学在形成时期对阿拉伯口述传统进行同化以后，又一次遇上非洲这些区域的口述传统。在其他地区则面临更加复杂的情况或多种形式的传统和影响。

非洲伊斯兰教史学的实践研究最好考虑区域差异性、各种不同情况和贡献的背景。

第二节 区 域 差 异

多种因素造成了伊斯兰教传统在非洲影响的多样性。对4个领域的研究将揭示其中一些最重要的因素：

（1）区域的内部历史限制了伊斯兰化的范围；

（2）伊斯兰化的模式；

（3）伊斯兰和内部传统之间的相互作用的本质和进程；

（4）在区域内部的史学传统中发生的相互作用和改变所造成的结果。

阿拉伯人作为移民、游客或侵略者涌入北非、非洲之角、东非海岸和东部苏丹，并作为统治者、少数民族或占统治地位的少数民族接管这些地区。还有一些从某些区域到另外区域的次级流动，如到西部、中部和东部的苏丹地带和西撒哈拉地区。这些移民、游客或侵略者，改变或影响这些地区的居民的信仰，使其信仰伊斯兰教或伊斯兰教的传统。这样一来，人口和思想形态的因素也非常重要。

在这里讨论的区域仅包括那些伊斯兰教人口占大部分或伊斯兰教传统的意识形态和实践发挥重要影响的地方。在此没有单独探讨那些没有明显证据表明传统的相互作用对其历史实践产生影响的非洲地区。

一、埃及

在7世纪穆斯林扩张的第一波浪潮中，埃及处于君士坦丁堡基督教拜占庭的统治下，但是主要扮演着提供食物和资金来源的角色。在埃及，科普特的基督一性论传统已经占据统治地位。科普特农民依附修道院，而修道院也成为农业体系的一部分。当地传统认为，在1世纪基督教起源的最初，圣马可（Saint Mark）是埃及教会的创建者，在接下来的4个世纪里得到犹太团体的支持。从2世纪开始，亚历山大的主教在发展普遍的基督教会中发挥了重要作用。这些教会带有浓厚的希腊—罗马色彩，包括《旧约全书》的希腊文译本，并培育了精神和知识分子的领导者，如克莱门特（Clement）、奥利金（Origen）、亚大纳西（Athanasius）成为埃塞俄比亚教会弗鲁门修斯（Frumentius）主教以及安东尼（Antony）和帕克米乌修士（Pachomius）。⑨

伊斯兰教扩张的历史与基督教一样，其特点是埃及成为早期征服的区域之一。它的财富成为最吸引人的地方。公元640年至公元641年征服巴比伦城，641年至公元642年征服亚历山大城。此后，埃及先后被麦地那（阿拉伯半岛）、大马士革（叙利亚）和巴格达（伊拉克）所统治，也从信仰科普特教转向信仰伊斯兰教。埃及除了忍受宗教上的差异，还要上缴淘金税和粮食税。从9世纪开始，当地的统治者开始要求有更多的自治，而且新的穆斯林统治下的埃及帝国权利的中心一开始转移到福斯塔特（Fustat），然后又到了开罗。

在文化知识领域，970年，在开罗新城建立的艾兹哈尔（al-Azhar）清真寺大学成为埃及伊斯兰化的重要事件。它成为伊斯兰教世界的学习中心以及伊斯兰传统传播到非洲其他地方的中心。⑩

纸草纸记录揭示了埃及文学作品的逐步变化，从使用希腊文和科普特文到7世纪至9世纪使用阿拉伯文，见证了阿拉伯化和伊斯兰化的过程。早期埃及有效的中央政府的建立也确保了档案资料的保存以及伊斯兰史学传统的发展。早期埃及伊斯兰历史学家伊本·阿卜杜勒哈卡姆（Ibn Abd al-Hakam）的研究表明，约700年至725年间档案的影响不断增强，一群当地的历史学在新传统里开始出现。

除了纸草纸记录证明埃及史学发展外，考古学也补充了很多的证据。它确定了基督教科普特传统和伊斯兰传统相互作用而造成的持续影响。因此，塞维鲁斯·b. 穆格法（Sawirus（Severus）b. Muqaffa）主教（卒于公元1000年左右）把亚历山大城主教的希腊和科普特历史翻译成了阿拉伯文。他反驳提齐乌斯（Eutychius，别名Sa'id b. Batriq）书写的包括从亚当一直到当代的历史中提出的基督一性论，即埃及的雅各（Jacobite Church, Ya'qubi）教派是由使徒马克（Apostle Mark）创立的观点。他用阿拉伯文创作，并以"哈里发们的统治顺序"来处理材料。⑪下埃及的尼基乌（Nikiou）主教约翰写了一部《编年史》，是一部关于埃及在穆斯林征服下达到顶点的通史。基督教和穆斯林在相互影响时期的历史代表了历史实践中的融合传统，尽管宗教差异是关注的焦点。

伊本·阿卜杜拉·哈克木(Ibn 'Abd al-Hakam)成为先锋模范作用。极少数历史作品从法蒂玛王朝(Fatimid)时期保存下来,最著名的有伊本·佐拉克(Ibn Zulak,996年逝世),穆萨比哈(al-Musabbihi,1029年逝世),奎德·伊(al-Quad'i,1062年逝世),以及伊本.塞拉菲(Ibn al-Sayrafi,1147年逝世)。在埃及基督徒中,沙布西提(Al-Shabushti,1008年逝世)写了一部详细的修道院史。⑫

阿尤布王朝时期的史学呈现了十字军东侵领导者萨拉丁(Salah al-Din)的魅力。伊马德·丁·阿斯法罕尼('Imad al-Din al-Isfahani,1125—1201),伊本·沙达德·巴塔勒·丁(Ibn Shaddad Batal al-Din,1234年逝世)以及大马士革的阿布·夏马(Abu Shama,1268年逝世)都写了有关萨拉丁的传记。两位科普特基督教少数派的历史学家梅金(al-Makin,1273年逝世)和布特鲁斯b.拉希伯(Butrus b. Al-Rahib,1270年逝世)书写了从创世纪一直到13世纪中的通史。在阿里·齐弗提('Ali al-Qifti,1172—1248)对希腊和阿拉伯的医生和科学家的传记里记录了希腊—罗马继承伊斯兰传统的过程。

在13世纪,即使是基督教史学的语言也从科普特文转向了阿拉伯文。事实上,大约从12世纪开始,只有极少数受过教育的神职人员懂科普特文,而且即使是基督教的书籍也不得不翻译成阿拉伯文才能被民众甚至是大部分的神职人员所接受。

马木路克(又译马穆鲁克)时期有大量的历史作品,其中一部分质量相当高。这些作品的主题范围包括从埃及历史到印度、埃塞俄比亚、西非和亚洲的历史。阿布尔·菲达(Abu'l-Fida,1273—1332)和马克里齐(al-Maqrizi,1364—1442)以及伊本·塔格瑞伯迪(Ibn Taghribirdi,1411—1469)和伊本·利亚斯(Ibn Lyas,1448—1524)等历史学家们被认为是当时"最杰出的学者"。正是在这种学术不断膨胀的环境下,伊本·赫勒敦(Ibn Khldun,1332—1406)游历了马格里布,在其居住的20年间创作了不朽的著作《历史绪论》。

这样入侵的阿拉伯人和移民就在埃及建立起稳固的伊斯兰传统,他们最终让大量的埃及基督教农民改信伊斯兰教,并让他们的语言伊斯兰化,甚至包括那些仍然信仰基督教的科普特人。结果开罗的艾兹哈尔成为整个伊斯兰世界的伊斯兰学术中心,并让埃及成为把伊斯兰传统传播到非洲其他地方的中介。

二、马格里布

从埃及边界到摩洛哥的北非西部沿海地区,从古代时期就属于地中海区域内的历史,其南部和东部面临撒哈拉沙漠,穿过它可到达西非以及亚非。事实上它有点像岛屿,成为穿越地中海和从撒哈拉通往欧洲、亚洲、非洲和其他岛屿的连接点。不同时期城市的中心也不同,主要集中在稳定富饶的沿海地区,然后是不稳定的高地和内地,最后逐渐到荒凉的沙漠地区。

区域内多种多样的柏柏尔人团体延续了当地的口述传统,与迦太基的腓尼基、希腊和罗马人的外来传统相抗衡。直接接手东罗马或拜占庭的基督教的阿拉伯人,他们的伊斯兰传统却覆盖了所有这些传统。

迦太基的传统融入到柏柏尔人中。从公元前约814年到前146年,当它被上升的罗马地中海势力摧毁后,它的文字文明就与在地中海和大西洋西北部海岸进行贸易和探险的希腊人发生了联系。从这个时期起唯一现存的书面文献是汉诺(Hanno)写的简短的《佩里普拉斯》(Periplus),描述了约公元前425年对西非沿海的探险。[13]腓尼基人其他的探险仅在希腊和罗马人的描述中提及过,例如,希罗多德记录的法老尼科二世(Necho II)(约公元前609—前593年)下令从红海出发的环绕非洲的航行任务,以及罗马地理学家阿维阿努斯(Avienus)的《海岸》(Ora Maritima)里提到的希米尔科(Himilco)的航行。

罗马的统治时期从公元前146年一直持续到5世纪汪达尔人入侵。东罗马帝国从534年持续统治直到阿拉伯人接管为止。从非洲各省进口"面包和表演"的罗马人培养了大批非洲罗马人(Afro-Romans)[阿普列尤斯(Apuleius)、德尔图良(Tertulian)、西普里安(Cyprian)、奥古斯丁(Augustine)],对西方的文学和思想传统作出了巨大的贡献。圣·奥古斯丁对西方基督教史学传统的贡献在后面还会叙述。然而,罗马人对马格里布人的同化被认为是"未完成的罗马化",因为罗马的传统"彻底消失",被阿拉伯人取代。[14]

伊斯兰的马格里布从"近西"开始,到东马格里布(利比亚),穿过突尼斯,中马格里布(阿尔及利亚),到达"远西"巴巴利或摩洛哥。伊斯兰对它的征服发生在伊斯兰历第1纪,基督教历第7纪,伴随着对埃及的征服。但是由于它的复杂性和广泛的地理范围,需要更长久的时间完成阿拉伯化和伊斯兰化。城市中心和沿海平原的人口被罗马化和基督教化,而大部分内陆山区和沙漠地带的柏柏尔人仍保留其传统和独立,甚至基督教团体也被分裂为相互敌对的各个宗派团体。紧随着征服而来的柏柏尔的游牧民和阿拉伯的贝都因移民进入到马格里布,使情况进一步复杂化。在政府和伊斯兰教正统建立之前,马格里布的这一特点注定了其缓慢持久的冲突。

尽管入侵的奥克巴·伊本·纳菲(Ukba ibn Nafi)在公元670年建立的凯鲁万(Kayrawan)要塞成为了军事和伊斯兰文化中心,当地少部分的基督教徒仍留在城里，一直到11世纪马格里布仍然有多达47个主教辖区。⑮对柏柏尔人完全的征服和伊斯兰化进行得更慢。阿拉伯侵略者打败了最初的抵抗，但是一直到柏柏尔女英雄卡希娜（al-Kahina）于公元703年被打败，随着战争、转变信仰和背教的浪潮，领导者和统治者们才正式改变了信仰。在此之后，阿拉伯人开始尝试和平的信仰转变政策，包括雇佣伊斯兰化的柏柏尔人到政府高层里工作。不管有没有伊斯兰化，柏柏尔人对阿拉伯人的控制和统治仍然普遍保持敌对态度，在伊斯兰内部和外部采用各种不同的宗教思想继续战斗。

这样柏柏尔人采用了"最古老的伊斯兰政教合一派的"伊斯兰哈里哲派（Kharijites）的民主思想，该思想遍布马格里布，从的黎波里塔尼亚穿过波斯一直到南部摩洛哥。从8至10世纪，由柏柏尔哈里哲派组成的这两个伊斯兰教长国一直独立于阿拉伯统治之外。

玛斯穆达（Masmuda）柏柏尔人的巴尔加瓦塔（Barghawata）分支在744年至745年获取了伊斯兰教的柏柏尔人模式。他们的先知萨利赫·伊本·塔里夫（Salih ibn Tarif）编写了柏柏尔语的《古兰经》，并根据柏柏尔人的习俗颁布法律法规。在11世纪，阿尔摩拉维德人（Almoravid）就征服了摩洛哥柏柏尔人中的异端。

桑哈贾族（Sanhaja）领导的阿尔摩拉维德运动（Almoravid movement，1061—1147），以及伊本·图迈尔（Iban Tumart）建立的阿尔摩哈德王朝（Almohad，1147—1269），表明柏柏尔人同阿拉伯游牧团体一起，成为马格里布伊斯兰教区域多样性的主要来源。马格里布伊斯兰教多样化的其他显著的因素来自西班牙的阿拉伯移民的影响，他们大部分进入西马格里布的中心，如菲斯（Fez），与凯鲁万在东马格里布的的影响形成呼应。伊斯兰逊尼派的马立克学派（Malikite）成为马格里布的主导，并穿过撒哈拉传播到西部和中部苏丹。

阿尔摩拉维和阿尔摩哈德运动给马格里布的建筑、文学、哲学（始于伊本·鲁世德（Ibn.Rushd）或西班牙科尔多瓦的阿威罗伊（Averroes））、科学和史学方面的传统提供了动力，并在伊本·赫勒敦（Ibn Khldun）时期（1332—1406）达到顶峰。

阿尔摩拉维时期的阿拉伯历史学家有巴克里（al-Bakri，1067/1068），凯迪·里亚德（al-Qadi Lyad，1088—1149）、祖赫里（al-Zuhri，12世纪中叶）、伊本·阿西尔（Ibn al-Athir，卒于1233年）、伊本·伊达瑞（Ibn 'Idhari，1306）。当代对阿尔摩哈德的主要叙述有阿卜杜拉·瓦希德·马拉库什（'Abd al-Wahid al-Marakushi）写的《马格里布历史》、伊本·卡顿（Ibn al-Qattan）的《过去历史信息的整理》、伊本·萨希卜·萨拉特（Ibn Sahib al-Salat）的《领导的赠与》。

　　一些通史和编年史也叙述了这两个运动：伊本・伊达瑞的《马格里布之书》、伊本・卡顿（Ibn al-Qattan）的《杰出系统之书》、伊本・阿西尔的《全史》、伊本・伊得哈里・卡拉库什（Ibn Idhari al-Karrakushi）的《马格利布的神奇故事》、伊本・阿比・祖拉尔・法西（Ibn Abi Zur'al-Fasi）的《历史之园》、齐克什（Zerkeshi）的《两国编年史》、伊本・赫勒敦的《世界通史》。阿布・穆罕默德・阿卜杜拉・提贾尼（Abu Muhammad 'Abd Allah al-Tijani）在1306年到1309年间游历了马格里布大部分地区，写下了《旅行》。

　　伊本・赫勒敦的《世界通史》就是受"他在马格里布的经历"所启发。他把"原始的游牧生活与文明的城市生活"进行对比：基于部落和集体意识的人"成立新的帝国并持续威胁已建立的城邦；后者起初繁荣，然后衰弱，并最终在新的游牧民力量的冲击下消失"。⑯他总结出，阿拉伯巴努希拉尔部族（Banu Hilal）的入侵和瘟疫对马格里布人口的影响创造了一个"新世界"。在它所覆盖的马格里布的历史时期，它代表着"主要的文献来源"，尽管它并没有遵循伊本・赫勒敦在《历史绪论》中倡导的严格的方法论。

　　在他的《历史绪论》中，伊本・赫勒敦超出马格里布范围之外写的历史哲学代表了穆斯林非洲史学的成熟，以及伊斯兰史学作为整体对世界历史理论的贡献。

三、埃塞俄比亚和非洲之角

　　史前考古学家确认埃塞俄比亚是非洲早期人类发展的中心之一。语言学研究确认这里的人使用亚非语系（闪米特语、库施特语、奥摩语）和尼罗河–撒哈拉语系。这些分类表明来自非洲大陆（主要是麦罗埃和埃及）和亚洲（阿拉伯半岛、波斯/伊朗、还有可能是印度）对这个区域的不同的影响来源。埃及成为主要的基督教和地中海影响的来源，同时，也是伊斯兰教影响的来源。埃塞俄比亚法拉沙犹太人（Falasha Jews）的存在证明了早期闪米特人的存在，但是伊斯兰教最终成为这个地区亚洲影响的重心。传承传统非洲宗教和文化实践基础的社群一直继续活跃在埃塞俄比亚的历史上。

　　曾在第1和第6世纪希腊时期的埃及原始资料中提及麦罗埃的邻国阿克苏姆王国，处于埃塞俄比亚的高地地区，成为基督教王国和这个区域的稳定的中心。来自埃及的弗鲁门修斯（Frumentius）主教在4世纪埃扎纳（Ezana）国王的统治下打下了基督教的基础。⑰来自这个时期已被证实的吉兹语/埃塞俄比亚语的文本成为基督教书写传统的基础，并继续充当礼拜仪式的用语。这些传统发展成统一的思想,并最终铭记在埃塞俄比亚的《列王荣耀记》中,此书是源于13世纪阿布·萨利赫(Abu Salih)的埃及阿拉伯文本。⑱

伊斯兰教存在的基础在于早期埃塞俄比亚和阿拉伯之传统间的各种接触,包括:穆罕默德写了一封信,邀请埃塞俄比亚众王之王(Negus Negast)皈依伊斯兰教;先知穆罕默德的一个堂兄弟移民到埃塞俄比亚;穆罕默德的反对者的一项任务;对比拉尔(Bilal)活动的叙述;先知的埃塞俄比亚追随者任命第一个穆安津(mu'adhdhin,宣礼员)号召教友进行祷告。⑲这些在基督教王国和穆斯林间和谐交往的传统没有持续下去。最终从厄立特里亚到索马里和埃塞俄比亚西南部的所有沿海地区都开始了伊斯兰教,在基督教王国的周围形成穆斯林国家的包围圈。

传统的非洲宗教团体成为坚持反对基督教和穆斯林政体的基础。基督教和伊斯兰教传入前的传统尽管被忽视,但在此区域的许多地方仍然被保留,承载着对过去的见证。

基督教传统的主要外部影响来自埃及,包括修道院的发展,这些修道院成为学者教授阅读、写作、教会音乐、《圣经》、埃塞俄比亚语诗歌、语法和历史的场所。基督教的埃塞俄比亚史学逐渐发展出《圣经》的思想意识,包括:宣称拥有"神的约柜",派生出阿克苏姆统治者是所罗门王和示巴女王结合所生的故事,并把王国等同于以色列。这些传统被收编在1225年国王拉利贝拉(Lalibela, Gebre-Masqal)统治时期一个科普特牧师带来的一本阿拉伯手稿里。到14世纪,这些传统铭记在《列王荣耀记》中。

从札拉·雅各布(Zera Yakob)国王开始埃塞俄比亚本土传统开始不断壮大,在国王苏西尼约司(Susenyos, 1607—1632)统治期间札拉·雅各(Zara Yaaqob)和他的儿子瓦伊达.海沃特(Waida Haywat)建立的哲学中得到例证。该哲学在许多方面堪比欧洲勒奈·笛卡儿(Rene Descartes)的当代哲学。根据萨姆纳(Sumner)的叙述,雅各"在传统的埃塞俄比亚学校追求学业直到他在坎(qane)口述文化中达到表述的最高境界。这种口述文化鼓励个人发展批判性的思维习惯并让其体会埃塞俄比亚惯用语的美妙"。⑳

从伊斯兰教第一纪开始,埃塞俄比亚就与它的支持者和反对者接触,这在阿拉伯文献和目前阿拉伯对埃塞俄比亚文字的鉴定中,以及在《古兰经》和《圣训》里都有记录。达拉克群岛成了接触的媒介。阿拉伯和伊斯兰的影响从阿拉伯半岛和波斯湾传到埃塞俄比亚和非洲之角的红海沿海地区。在某种程度上,非洲之角的阿拉伯移民完成了伊斯兰教的传递,但是很多伊斯兰化的阿法尔、索马里、盖

拉族人和其他的贵族群体也宣称有阿拉伯出身和血统,尽管他们也以当地的身份和祖先为傲。㉑

伊斯兰王国的史学主要以来自埃及、北非和穆斯林东部的阿拉伯作品为基础,但是也出现了一系列当地的编年史和年鉴,包括《绍阿编年史》和《瓦拉什马王朝史》。㉒即使是基督教史学家的埃及经验也采用阿拉伯和伊斯兰的方法论,并且也成为埃塞俄比亚的实践,因为即使是《列王荣耀记》也有阿拉伯血统。

四、西撒哈拉

非洲的大沙海夹在北非的阿拉伯国家和萨赫勒地区和苏丹南部的黑非洲国家中间。它西起大西洋沿岸大陆,东到红海和印度洋。而这部分讨论的重点集中在尼罗河以西的撒哈拉和利比亚沙漠地区。

显然大约从公元前5000年撒哈拉才开始"变成沙漠"。㉓游牧民族因此被驱逐到南部成为定居人口,从非种子作物农业发展到农业。撒哈拉沙漠也因此成为北部和南部人民之间的障碍,但是有记载在古代的时候人类投入大量的努力穿越沙漠。公元前2250年,埃及法老胡夫派遣一支探险队进入东部沙漠。公元前1100年后腓尼基人和公元前800年后迦太基人,以及公元前600年后希腊人都曾越过沙漠。事实上,在现代的吉普车、直升机和飞机使用之前,撒哈拉的穿越先是徒步,然后是马车,最后是骆驼在沙漠中"成为最适合生存的交通动物"。

撒哈拉岩石艺术如塔西利·恩·阿耶(Tassili-n-Ajjer)的作品描绘了马车"飞奔"以及追溯到公元前1000年后半叶的史前猎人和牧羊人的场景。在前1世纪左右,随着通过埃及从亚洲引入的骆驼,这些场景消失了。骆驼传入罗马时代的北非,并在"基督纪元初始"就进入了撒哈拉。㉔它开始在撒哈拉居民中使用,但是到7世纪之后,伴随阿拉伯国家建立才在马格里布和西苏丹之间被有组织的沙漠旅行队供旅游和商业使用。

希罗多德对撒哈拉传统的叙述始于对埃及、北非和马格里布文献的叙述。他描述了两个主要群体经历的传统记录……生活在沙漠边缘的纳撒摩涅司人(Nasamonians)和加拉曼特人(Garamantes)。他最有名的一份叙述是有关一队"狂热的年轻的"纳撒摩涅司人的历险。他们明显地以"向西的方向"穿过了沙漠,被"一些低于中等高度的矮人""侏儒"所囚禁,被带到一个"所有的居民有着同样矮小身材,黑色肌肤"的小城,那里"一条有鳄鱼的大河从西到东穿过小城"。㉕这说明了从北非穿越撒哈拉到尼日尔河的过程。

关于加拉曼特人,希罗多德记录他们"驾着四匹马车搜寻埃塞俄比亚穴居人,因为这些穴居人健步如飞"。显然这里的"埃塞俄比亚"再一次指撒哈拉沙漠以南苏丹地区的人。

希罗多德据此详细记录了马格里布"游牧民以肉类和牛奶为食",并以他常用的方法:"我把利比亚人所说的全部重复了一遍。"㉖

撒哈拉被马格里布和北非的柏柏尔人、利比亚柏柏尔人或图阿雷格部族所占领。今哈拉廷人(Haratin)被认为是希罗多德所描述的"埃塞俄比亚人"的后代。㉗撒哈拉的提非纳文字(Tifinagh)与撒哈拉岩石艺术上的利比亚字母相关,这也支持了基本连续的观点。

撒哈拉史学一直根植于7世纪阿拉伯伊斯兰教期间来自马格里布和埃及的原始资料。随着巴克里(al-Bakri)和伊德里西(al-Idrisi)作品的出现,文献数量在11世纪、12世纪逐渐增加。㉘对撒哈拉的远古时代的真实记录仍然只有岩石艺术、提非纳文字的铭文和考古资料。

撒哈拉的伊斯兰化以阿拉伯在埃及和马格里布建立政府为基础。从8世纪开始伊斯兰教就渗入了撒哈拉。事实上,撒哈拉桑哈贾(Sanhadja)柏柏尔人约从1042年伊本·亚辛(Ibn Yasin)时期开始在阿尔摩拉维运动的领导下,马苏发(Masufa)、雷姆图纳(Lamtuna)、朱达拉(Djuddala)以及其他人就在西方伊斯兰教世界的基础上书写他们自己的历史。阿尔摩拉维运动从撒哈拉那里占领了马格里布,并积极发起了对西苏丹的伊斯兰化运动。

五、西苏丹

西苏丹从塞内加尔大西洋沿岸一直延伸到今尼日利亚边界,在商旅穿过撒哈拉带来马格里布的伊斯兰教时期,居住着没有文字的口述社会。汇聚在不同的商业中心的许多商人和学者根据地点记录了当时控制了贸易和安保的最有权力的政治团体:一直到1240年的加纳索宁克人、约到1468年的马里的曼丁卡人、直到1591年摩洛哥入侵时的桑海人。

早期对西苏丹城邦和帝国的记录都是来自马格里布、埃及和中东地区的阿拉伯人和柏柏尔人所创作的外部资料。其中,一些记录来自旅客或访客,但是其他记录来自地理学家和学者。他们从那些到西苏丹经商、访问或居住的同胞那里得到信息,但是这样一来就出现许多对当地传统的偏见。一些学者不仅通过当地资料,也通过来自北非商人和专业人士的信息来记录传统。例如,伊本·赫勒敦就根据居住在埃及的西苏丹穆斯林或他们往返朝圣之路带来的口述信息进行记录。直到16世纪桑海统治时期,西苏丹伊斯兰史学才开始承担主要责任解释当地历史。那么早期外部史学家是怎么描述西苏丹的呢？在伊本·白图泰（Ibn Battuta）对格里奥在1352年至1353年间对马里的统治者叙述当地历史的描述中，可以证明对当地史学和文化传统的占主导的傲慢语调：

> 他们每个人都把自己装入一个羽毛做成的肖像里，模仿一只叫沙克沙克（shaqshaq）的鸟，上面固定着一个木头做的带有红色鸟嘴的头，以此当做沙克沙克鸟的头。他们就以这种滑稽的形象站在苏丹王的前面吟唱诗歌。我被告知他们的诗歌是一种规劝苏丹的箴言："您所坐的王位曾经被某某国王坐过，他的伟大事迹是如此这般；某某国王，他的伟大事迹是如此那般；因此您做的大事也会被后人记住。"然后诗人的首领登上通往王位的台阶，并把他的头放在苏丹的右肩上，然后再放在左肩膀，以他们自己的语言讲述。然后再退下去。㉙

伊本·白图泰确定这种口述传统的实践"比伊斯兰教更古老"，并在马里伊斯兰化后仍然存在。他把它描绘成是一种"滑稽奇闻"。

到这个事件发生的1352年至1353年，伊斯兰教已经在西苏丹建立了3个多世纪。首次对伊斯兰化的记录来自巴克里（Al-Bakri，死于1094年）。他记录了1040年前的台克鲁尔王国（Takrur）（塞内加尔富塔托罗 Futa Toro）的伊斯兰化：

> ［台克鲁尔的］居民都是苏丹人，以前他们像其他苏丹人一样都是异教徒，崇拜偶像。直到到瓦拉比·拉比斯（Warjabi B. Rabis）成为他们的统治者。他信奉伊斯兰教，给他们引入穆斯林宗教法律并强迫他们遵守，因此打开了他们通往真理的双眼。瓦拉比（Wadabi）死于1041年，而今天的台克鲁尔人都是穆斯林。㉚

塞内加尔河边希拉（Sila）的两个主要城镇也被瓦拉比改信伊斯兰教，但是直到1067年至1068年加纳人还没有转变信仰，但是根据巴克里的描述，伊斯兰教已经逐步入侵：

> 加纳城由两个坐落在平原上的镇组成。一个镇里居住着穆斯林，规模巨大且拥有12座清真寺。其中，一座是为他们聚集做星期五祷告而用。有拿薪水的伊玛目（译注：清真寺内率领穆斯林做礼拜的人）和穆安津（译注：

指在穆斯林清真寺尖塔上报告祷告时刻的人)以及法官和学者。③

在"国王的城市"里传统的宗教在被巴克里称为"巫师"的控制下继续繁荣，这些人主持对"偶像和国王的坟墓"的崇拜。然而，"国王的发言人、财政大臣和他主要的大臣都是穆斯林"。②国王对穆斯林的容忍扩展到豁免他们作为拜访者在拜见国王的时候要在双手上撒灰尘的习俗。穆斯林只要鼓掌即可。

在巴克里记录的时期里，伊斯兰教是以一种和平的方式被加纳人民所接受。巴克里关于加纳某一地区他确认为是马勒尔人(Malal)的转变信仰的记录，成为了传统里的一种固定形式。根据记录所载，一个来访的穆斯林在干旱中期成功祈雨而让马勒尔国王接受了伊斯兰教。

根据祖赫里(Al-Zuhri)的记录，这种和平的过程随着阿尔摩拉维德在1076年至1077年入侵加纳而告终：

> 过去这个国家的人民信奉异教(不信教者kufr)，直到1076年至1077年当马苏发的埃米尔(译注：穆斯林国家的酋长等称号)雅赫亚·阿比·贝克尔(Yahya Abi Bakr)出现……今天他们都是穆斯林，有学者、律师和《古兰经》诵经师，并成为这些领域的杰出人才。③

到12世纪中叶的祖赫里(al-Zuhri)年代，加纳显然已经成为一个穆斯林国家，它的居民到西班牙(安大路西亚)去旅游，去麦加朝圣，并花费"巨款在圣战上"。

马里帝国继加纳后称霸西苏丹。伊本·赫勒敦(1332—1406)记录了从他人那里得到的口述资料："奥斯曼长老，作为加纳人的法基赫(译注：教法学家)和他们的首领之一，是最博学、最虔诚、最有名望的人。1394年，在他与家人去朝圣的过程中，我在埃及遇见了他……"④根据记录，马里"在人口数目上超过"并"控制"了苏丹，征服"加纳一直远至西部的大海"。至于宗教，"他们都是穆斯林"。他们的第一任国王巴尔曼达纳(Barmandana)朝圣之后，"在他之后的国王都效仿这一做法"。

曼萨·穆萨(Mansa Musa, 1312—1337)的皇家朝圣，由于他的随行的规模之大和散发的黄金数量之多而给埃及留下了最深刻的印象。然而，这次朝圣扩大了马里与伊斯兰世界的接触，并加深了跟随曼萨而去的学者的知识。根据乌马里(Al-Umari, 1301—1349)的记载：

一封来自苏丹的信到了开罗苏丹皇廷。它以马格里布的手写方式书写……此信虽然遵守礼节，但坚持自己的写作形式。此信是跟他一起来朝圣的某位朝臣所写。㉟

桑海以加奥（Gao）为中心，控制着尼日尔河一直到今尼日利亚边界，成为西苏丹最后一个强国。他们的统治者都是穆斯林，加奥附近的"皇家石碑"可以证实这一点。㊱从这一时期开始，我们有许多关于尼日尔各中心知识大繁荣的记录，其中，最著名的是在廷巴克图，最初由阿拉伯和柏柏尔学者带来的伊斯兰的学问在那里成为了西苏丹本土的财产。

那么，从16世纪以来西苏丹的内部伊斯兰史学是什么呢？当地史学写作的五种类别已得到确认：编年史（特定的和一般的）、通史、名人传记词典和正式的合法认定书。㊲

编年史中最著名的两部著作是：《苏丹史》（Tarikh al-Sudan），由廷巴克图的阿卜杜勒·拉姆·萨迪（Abd al-Rahmn Al-Sa'di，1596—1656）所写；《对国家历史、军队和主要人物的编年史》，由多个作者经过多年共同完成。尽管有柏柏尔人血统，萨迪的《苏丹史》代表了当地学术在著名的廷巴克图桑科尔（Sankore）清真寺里的发展，而廷巴克图也成为西苏丹伊斯兰教育的中心。事实上，《苏丹史》被称为廷巴克图的官方历史，是对1591年摩洛哥入侵时期主要学者和桑海统治者的传记。

经由好几个作家修订和增补过的《探索者史》是由伊本·穆赫塔尔·昆布鲁（Ibn Mukhtar Qunbulu）在1664年左右完成，基于他祖父马哈茂德·哈吉·穆塔瓦基勒·卡蒂（Mahmud b. al-Hajj al-Mutawakkil Ka'ti）和他的叔叔艾斯马·卡蒂（Isma'il Ka'ti）的文本/笔记。卡蒂家族具有索宁克人血统，居住在靠近廷巴克图的廷德玛（Tindirma）。而《探索者史》代表了伊斯兰学术在西苏丹当地社区里的传播。事实上，这部作品引用的历史甚至要早于《苏丹史》，例如，阿明·卡努（al-Amin Kanu）家族巴巴·古鲁·哈吉·穆罕默德（Baba Guru al-Jajj Muhamamd）写的《苏丹国王报道里的精华》，该家族是从中苏丹卡诺城移民到西苏丹的。㊳

《苏丹史》里引用的廷巴克图国际学者阿赫马德·巴巴（Ahmad Baba，1556—1627）著名的作品《快乐的获得》和《贫穷人的自满》，在苏丹地区、马格里布和中东都非常有名。作为阿基特（Aqit）家族的支柱，尽管阿赫马德·巴巴（Ahmad Baba）有桑哈贾柏柏尔人血统，在廷巴克图与马格里布分庭抗战影响力期间，他仍然是属于廷巴克图一派。他直接进入到埃及和中东的学术中心。阿赫马德·巴巴总共写了56部作品,其中有32部保存了下来。他在廷巴克图的私人图书馆里有1 600多部藏书。他的传述世系(sanad/isnad,又译伊斯纳德,指知识传播路线。译注:即圣训的一系列传述人)引导他进入麦加,然后在廷巴克图找到穆罕默德·巴格尤古(Muhammad Baghayughu)。阿赫马德·巴巴称他是一个信仰的改革者。㉟实际上,阿赫马德·巴巴同时成为廷巴克图"最后一个出色的阿基特家族成员"以及穆罕默德·巴格尤古"最出色的学生"。从16世纪到19世纪直至近代,作为阿基特家族名望的继承者,通过他的家族和朋友,他的学派在整个西苏丹传播伊斯兰教育。㊵

廷巴克图成为伊斯兰教文化的中心,通过它一直向南向东传播到西非的大西洋沿岸。马林凯和索宁克的迪尤拉人或"万加腊人(Wangara)",如同阿拉伯人和柏柏尔人,随着穿越撒哈拉的商队进入到苏丹。迪尤拉人沿着商道建立的城市中心,成为了传播伊斯兰教和文化的中心,贯穿现代马里共和国、几内亚、上沃尔塔、象牙海岸和加纳。迪尤拉人在这些中心建立起古兰经学校,从这里毕业的一些学生在有名的学者和老师那里继续更高阶段的学习,获得穆斯林头衔,并有资格成为教长、宗教法官或伊斯兰教法阐述者。这些人在阿拉伯形成专业的宗教学者乌里玛(ulama,译注:穆斯林的学者或宗教、法律的权威阶层),或者是马林凯语中的卡拉莫克(karamoko,意思为"会阅读的人")。㊶

这些卡拉莫克成为整个西苏丹传播宗教和知识的中间人和伊斯兰生活方式的守护者。

早期的学术中心在杰内–廷巴克图轴线上,但是到了18世纪中期,该地区南部和东部的乌里玛/卡拉莫克开始以阿拉伯语和当地语言,尤其是豪萨语创造他们自己的原创作品。这些中心收集的伊斯兰文献反映了包括整个伊斯兰世界,从马格里布穿过埃及到达中东地区建立起来的联系。加纳共和国北部地区的中心包括布纳(Buna)、班达(Banda)、瓦(Wa)、延迪(Yendi)和库马西(Kumasi)。代表来自万加腊—迪尤拉(Wangara-Dyula)、豪萨和当地传统的融合的本土学术成果也一样杰出。现存的最早的地方史作品可追溯到公元1752年来自贡贾(Gonja)的哈吉·穆罕默德·伊本·穆斯塔法(al-Hajj Muhammad ibn Mustafa)所写的《贡贾史》。该书的写作方式是廷巴克图学派的编年史形式。其他到19世纪晚期的有马哈茂德·伊本·阿卜杜拉(Mahmud ibn'Abdallah)的《达贡巴史》;1922年编写的豪萨语和阿拉伯语版本的《瓦国史》,是"瓦的国王和教长史";㊷许多作品的豪萨版本归功于萨拉加(Salaga)的马拉姆·哈桑(Mallam al-Hasan)。

西苏丹伊斯兰史学明确体现了对当地口述传统的适应,包括最初外来的阿拉伯和柏柏尔学者,到内部廷巴克图学派的柏柏尔/索宁克/马林凯学者,再到主要受迪尤拉学术传统激励的具有不同地方传统的历史学家。

六、中苏丹

中苏丹在伊斯兰化影响方面与其他区域不同。它的地理位置以及与穿越撒哈拉的商队线路的关联使它与邻近地区截然不同。它既没有像马格里布和东苏丹那样接收阿拉伯移民,也不像西苏丹那样有大量的阿拉伯商人和专家或游客来长期居住。它的地理让它足够孤立来保持它强大的口述传统,在阿拉伯和当地语言中口述成为伊斯兰史学的主要特点。实际上,大量早期的伊斯兰历史表述就是对口述传统不署名的记录。然而,它所处的中心位置又确保其接受遥远的经过西苏丹西而来的马格里布的思想和影响(尤其是来自桑海中心廷巴克图),以及来自今突尼斯和东马格里布沿着商道来自的黎波里的影响。伊斯兰化后,这些地区相对而言更容易去中东朝圣。

加涅姆—博尔努(Kanem-Borno)是历史上中苏丹伊斯兰化的一个典型例子。最早的记录来自胡密·吉尔米(Umme Jilmi)国王时期的当地文献《特权书》(约1080年),"马赫拉姆"(mahram)指的是"专利证书,或授予的特权,从早期加涅姆王国由不同的国王授予给特定的博学或贵族家庭,他们拥有对被授予者和他们的后代的婚姻价值的掌控"。[43]根据《特权书》,第一个改信伊斯兰教的统治者是国王胡密(Humai),他根据《特权书》给"穆阿利姆·穆罕默德·伊本·马尼(Mu'alim Muhammad ibn Mani)授予特权,我从他那里学会了《古兰经》和讯息",并给其他人授予特权。

《特权书》表明加涅姆—博尔努早在11世纪80年代就已经跟穆斯林世界接触,并且所有的后继统治者进行过朝圣。例如,卡尔卡散蒂(Al-Qalqashandi)报道过那里的人民都成为穆斯林,统治者相当于埃及的苏丹。他特别质疑塞富瓦(Saifawa/Sefawa)统治者自称的血统:

> 国王提到他是赛义夫·迪·亚赞(Sayf Dhi Yazan)的后代。但是他没有创建家谱,因为他[也]说他是古莱氏(Quraysh)的后代,这是错误的,因为赛义夫·b.迪·亚赞是也门图巴(tubba)的后裔,他是古希米亚里特人(Himyarites)。[44]

13世纪加涅姆—博尔努在国王马伊·杜纳马·达巴莱密(Mai Dunarna

Dibalami)统治时期达到顶点,并在马伊·以德里斯·阿鲁玛(Mai Idris Alooma)
(1569—1619)的征服中得到巩固,这个成为了当地史学最有名的主题,如伊
本·法图瓦(Ibn Fartuwa)的《马伊·以德里斯史》(马伊·以德里斯·阿鲁玛前
12年的统治史),和《马伊·以德里斯的战争史》(又称《马伊·以德里斯·阿鲁
玛的加涅姆战争》)。⑤这两部作品在1853年首次引起欧洲旅游者海因里希·巴
尔特(Heinrich Barth)的注意。在第一部作品中,伊本·法图瓦把博尔努与改信
伊斯兰教建立联系,在署名中把自己称为"穆罕默德·玛尼部落的教长乌尔·卡
比尔·阿哈默德·伊本·法图瓦(Imam ul Kabir Ahmad ibn Fartua of the tribe
of Muhammad Mani)"。在其他资料中,他被称为教长艾哈迈德·伊本·法图
瓦·巴尔纳维(Al-Imam Ahmed ibn Fartuwa al-Barnawi),是加涅姆—博尔努伊斯
兰教传统中第一个编年史家。

另一部现存的17世纪史学作品证明了中苏丹一个特有的史学类别——城市
编年史。《库卡瓦叙事》一书,记录了博尔努把都城从乍得湖东部的米尼迁到库
卡瓦。此书是在1658年左右由穆罕默德·萨利赫·伊本·伊沙库(Muhammad
Salih ibn Isharku)所写。⑥

帕尔默(Palmer)的《苏丹人回忆录》和《博尔努的马伊·以德里斯·阿鲁玛
前12年统治史》就包含了好几个编年史(卡诺、阿斯本、曼达拉、巴加密,阿希尔),
同时,也有一些类别是当地起源的历史记录。帕尔默认为,《特权书》或"特许证"
最接近"当代的记录"。《迪万》(Diwan)代表通史或对传统的收集。实际上,除了
教长伊本·法图瓦和伊本·伊沙库写的书之外,帕尔默承认他的大部分收集都是
来自"无名氏"且"仅代表口述传统"。⑦

豪萨兰(Hausaland)继加涅姆—博尔努之后在西苏丹成为伊斯兰学术中心。
在约15世纪到19世纪的不同时期,卡诺、卡齐纳、扎若(扎里亚)和索科托等城市
都非常有名。豪萨兰敞开大门接受来自加涅姆—博尔努、东苏丹和中东、马格里
布和埃及,一直到西苏丹,尤其是来自桑海统治时期的影响。从19世纪开始,索科
托哈里发王国本身成为穿过西非向其邻国传播伊斯兰文化和思想的中心。

卡诺编年史《卡诺城君王史》提供了第一份有关豪萨兰伊斯兰化过程的文
献。⑧这份著名的无名氏所著的文献非常详细地记录了卡诺一直到19世纪的朝
代历史,带有口述传承的印记,还包括卡诺乌里玛仅在19世纪的抄本。编年史陈
述了相关的伊斯兰情况:

第11任国王是亚吉(Yaji),称阿里(Ali)……在亚吉时代,来自麦勒

（Melle）的万加腊人带来了穆罕默德的宗教。他们首领的名字叫阿卜杜拉哈曼·扎伊特（Abdurahaman Zaite）……当他们来了后就要求国王遵守祷告的次数，国王遵从了……国王要求卡诺国每个镇的人遵守祷告的次数。因此，他们都这么做了。在面向东方的圣树下建起了一座清真寺，在里面进行五次定时的祷告。国王加拉萨瓦（Garazawa）反对祷告……

这些事件都发生在14世纪，在亚吉统治的1349年至1385年期间，从马里领域一直到万加腊人成为媒介，后者成为信仰的管理者和教师。地方反对者的力量也有提到。伊斯兰教的建立只有在15世纪穆罕默德·雍发（Muhammad Rumfa/Rimfa）1463年至1499年的统治时期才得以稳固。根据编年史记载：

> 他是一个好人，正直博学……祭司们在他的统治年代来到卡诺。他们是阿卜杜·拉赫曼（Abdu Rahaman）和他的人民……阿卜杜·拉赫曼居住在卡诺并建立起伊斯兰教。他还带来大量的书籍。他命令雍发建立一座清真寺为周五祷告使用，砍倒圣树并在上面建立宣礼塔。当他建立起伊斯兰教信仰的时候，卡诺博学的人越来越多，周围的国家都接受了这种信仰。阿卜杜·卡里米（Abdu Karimi）返回到马萨尔，留下西迪·法里（Sidi Fari）成为他的副手继续他的事业。⑭

这两则对14世纪从西而来和15世纪从东而来的伊斯兰教的建立的叙述，表明了影响豪萨兰的多种途径。拜访雍发的学者被确认是蒂尔姆散（Tilemsan）的穆罕默德·阿卜杜勒·卡里米·马吉利（Muhammad Abd al-Karim al-Maghili，卒于1503年），他后来应雍发的请求写了一份有关统治之术的合法认定书《王子的义务》，他最终定居在卡诺。⑭

同样在卡齐纳，马吉利（al-Maghili）的名字与伊斯兰教的引入联系在一起，传统把他称为"阿卜杜勒卡里姆"（Abdulkarimu），⑪这再一次表明15世纪和16世纪初是伊斯兰教在豪萨兰主要城市的传播时期。到18世纪早期，阿拉伯文的地方史学开始形成。第一部卡齐纳史《卡奇纳酋长国历史介绍》可追溯到18世纪，《卡奇纳酋长国的兴起》创作于19世纪最初10年索科托圣战时期。这些是卡诺编年史传统中的国王列表，是对口述的记录，并没有详细呈现卡诺编年史。

17世纪左右，一批伊斯兰传统的本土学者开始涌现，他们中的大部分都是在博尔努接受培训。历史学家中的代表人物是卡齐纳的伊本·萨巴格（Ibn al-

Sabbagh)、丹·马里纳(Dan Marina)、穆罕默德·丹·玛萨尼(Muhammad Dan Masani, 1595年出生于卡齐纳)和穆罕默德·阿尔·凯特塞纳瓦(Muhammad al-Katsinawa, 死于1741年)。还有一批博尔努学者集体移民到扎若, 他们的思想在豪萨兰传播很广, 如穆罕默德·b.阿卜杜勒·拉曼·巴尔纳维(Muhammad b. Abd al-Rahman al-Barnawi, 死于1755年)、塔希尔·b.易卜拉欣·法拉赫(al-Tahir b. Ibrahim al-Fallah)、阿利亚斯·易卜拉欣·法拉马(alias al-Tahir Fairrama)和贾布里勒·b.奥马尔(Jubril b. Umar)。这些早期学者的许多作品只能从19世纪追随改革者乌斯曼·穆罕默德·富迪(Uthman b. Muhammad b. Fudi, 生于1754年)的圣战主义者作品中的参考文献里才能找到。[52]

乌斯曼护教战争的结果促使在19世纪前10年成立了索科托哈里发王国, 它不仅是一场宗教复兴, 也是一场知识改革。历史被认为是让运动合法化的一种方式, 也是取代豪萨体系中的新的组织结构; 同时, 也是把哈里发王国定位在更广阔的伊斯兰意识形态环境里的一种工具。[53]长老乌斯曼·富迪(Uthman b. Fudi)本人从历史的角度论述了他的圣战《西苏丹人民的觉醒》。他的儿子苏丹穆罕默德·贝罗(Muhammad Bello)紧跟着他进行了系统的历史叙述《塔克尔之地的历史》。长老的兄弟阿卜杜拉希·富迪(Abdullahi b. Fudi), 最初是甘多(Gwandu)的埃米尔, 先写了一部豪萨兰的思想文化史《来自长老学识的文本库》(1812), 又写了一部通史《书本简介》(1813)。在这些来自索科托哈里发王国中心的作品中, 阿卜杜勒·卡迪尔·穆斯塔法(Abd al-Qadir b. al-Mustafa, 死于1864年)广泛流传的作品《豪萨之地和西苏丹的历史》,[54]是其中的佼佼者。这些19世纪的历史作品中体现了西苏丹的特点以及与廷巴克图学派的联系。

经过博尔努传到豪萨兰的东方影响究竟有多深呢? 一份语言研究表明除了有可能来自西苏丹的早期马里和晚期桑海的影响外, 博尔努的卡努里语(Kanuri)也在豪萨兰的伊斯兰化中起了重要的作用。[55]这份研究总结出, 尽管豪萨语中"书""笔""墨水"等词汇都是源自阿拉伯语,"写"的单词源自卡努里, 而"读"的单词源自阿拉伯语, 但是却经过卡努里语传入。同样的, 政治头衔中的以"-ma"作为后缀的词都是源自卡努里语。"相对少量的与豪萨文化中宗教、政治、经济和社会范围有关的基本名词当然(或在许多情况下)极有可能是借用卡努里语, 并见证了东部讲卡努里语的邻居们对豪萨的长久持续和重要的影响。"[56]

然而, 主要源自口述资源的伊斯兰史学的豪萨传统, 成为了一个完全综合的产物。即使是阿拉伯文写的主要文献也仍然根植于本地传统。换句话说, 阿拉伯文字被用来表述豪萨语中的口述传统。这在《巴戈达之歌》一书中的情况就是如此，"一辈辈流传下来，并在卡诺每个酋长死亡时进行增补"；书面记录《皇家编年史》叙述了本土传统中的7个"合法"和7个"非正统"的豪萨城邦。[57]豪萨史学实际上随着索科托哈里发王国的扩张而向外延伸，一直到近代也保持良好状态。例如，苏丹穆罕默德·贝罗引用了《山顶之花：约鲁巴的故事》；一直到最近的20世纪50年代，包奇（Bauchi）的埃米尔指示他的教长马哈茂德·伊本·穆罕默德·贝罗（Mahmud ibn Muhammad Bello）编写《包奇史》；还存在一部《伊洛林史》，叙述了约鲁巴国合并到哈里发王国。[58]

七、东苏丹

阿拉伯地理学家认为，东苏丹构成了现代苏丹共和国的北部和西部省。它连着西部和中部苏丹，撒哈拉以南和热带雨林以北地区，成为来自马格里布和埃及的阿拉伯影响的开放带。至于现代苏丹共和国，南部省由于"分水岭（包括苏德沼泽（sudd）、加札勒河（al-Ghazal）和阿拉伯河（又称基尔河）"[59]在很大程度上切断了这些影响，形成一个至今还不固定的"文化边界"。

埃及南部沿着尼罗河与埃塞俄比亚交界的区域是最肥沃的土地，引起大量的外部关注。它是努比亚基督教王国的发源地，后来从16世纪起成为森纳尔（Sinnar）芬吉苏丹王朝（Fundj Sultanate）的领土。西边科尔多凡（Kordofan）和达尔富尔（Dar Fur）与中苏丹的瓦代（Wadai）和加涅姆—博尔努交界。

7世纪，埃及被占领后东苏丹的伊斯兰化和阿拉伯化同时持续进行。阿拉伯人经红海过埃塞俄比亚和萨瓦金（Sawakin）港口等地然后从马格里布进入该区域的路线，并没有像经过埃及的路线那么重要。从641年起，一系列对努比亚的侵袭导致在651年至652年摧毁了栋古拉（Dongola）大教堂，并把这个王国称为"契约或担保之地"，[60]不属于"伊斯兰教地区"的正常类别，是"战争之地"。到14世纪末，阿拉伯人已经渗透并在这里定居，有放养骆驼的游牧民、养牛的游牧民、淘金者、商人，并和贝贾族（Beja）通婚。所有的基督教王国都被征服，他们的统治着或改信伊斯兰教。

尼罗河谷第一个伊斯兰国家是15世纪晚期通过征服阿尔瓦（Alwa）基督教王国创立的阿拉伯阿卜杜拉比（Abdallabi）苏丹国。16世纪，初森纳尔芬吉苏丹国的国王乌马拉·邓卡斯（Umara Dunqas）在阿卜杜拉比苏丹国的基础上建立起自己的政权。芬吉在苏丹传统中指黑苏丹（al-Sultana al-Zarka），表明了它本土或许是尼洛特人（Shilluk）的血统。然而，伊斯兰和阿拉伯的声望已经如此之高以至于芬吉通过与一个当地公主结婚的移民而宣称有倭玛亚（Umayyad）阿拉伯血统。

东苏丹西部边界的富而(Fur)苏丹国和凯拉(Keira)苏丹国(1640—1874)也都具有本地血统。从埃塞俄比亚高地的山麓小丘往西到塞内加尔的富塔托罗(Futa Toro),一连串的国家都被伊斯兰化。

与其他穆斯林世界的主要文化交流点沿着商道从西向东,从南向北延伸。苏丹线路沿着苏丹一带一直从西苏丹到达尔富尔、科尔多凡和森纳尔。从森纳尔一些线路往西进入埃及,或往东进入红海。伊斯兰教和文化的主要传播者是苏菲派信徒(Sufi)、法学家(法基赫Faqih;Fuqara)和学者。马格里布直接与西北或通过西部和中部苏丹接触,建立起伊斯兰教中马利基流派(Maliki)的统治地位。然而第一个苏丹学者马哈茂德·阿拉基(Mahmud al-'Araki,约1551年)却在埃及的开罗受训。另一方面,东苏丹的教师却最终吸引了远至博尔努或更西部地方的学生。

东苏丹早期历史作品中最有意义的是《芬吉编年史》:

> 编年史的前面部分,从16世纪一直到18世纪早期,主要是由国王列表及一定数量的评论组成;后面部分在细节上描述了18世纪森纳尔的派系冲突,还有一些关于早期殖民时期的叙述。[61]

《芬吉编年史》在东苏丹伊斯兰史学中的地位相当于卡诺史学上《卡诺编年史》的地位。

东苏丹第二重要的史学作品是《学者和圣人的生活故事》,它是一部圣人自传词典,被一个来自哈法亚(Halfaya)的学者收集起来,主要覆盖了芬吉统治时期阿卜杜拉比的领域。

内部历史文献的第三种类型是土地契约:

> 他们提供了丰富的有关政府结构、土地所有制和森纳尔法律实践的信息。他们帮助建立年表,并提供深入了解18世纪社会史的契机。[62]

《芬吉编年史》和词典集中在尼罗河谷,但是土地契约同时也发生在达尔富尔。此区域史学的共同特征,即史学的基石,仍然是口述传统,尤其是在达尔富尔和苏丹共和国的南部省。

八、斯瓦希里:东非沿海地区

从13世纪开始,在阿拉伯和伊斯兰教的影响下,东非沿海地区和岛屿发展出一种复杂的文化和社会形态。斯瓦希里一词作为一种文化渐渐被人所熟悉,该词本身来自阿拉伯文"斯瓦希里"(sawahil),意指海岸,是一个地理词语,就像"撒赫勒"(Sahel)一词在西非撒哈拉地区指南部地区。

然而在东非,斯瓦希里成为那些信仰穆斯林、讲斯瓦希里语(Ki-Swahili)中的某种方言的人的一种文化表达。斯瓦希里语由至少三种方言群组成,覆盖的区域从索马里沿岸到莫桑比克,穿过大陆抵达刚果盆地。[63]在东部和中部非洲贯穿整个19世纪的阿拉伯贸易和伊斯兰教的历史意味着在桑给巴尔岛(Zanzibar)、奔巴岛(Pemba)、马菲亚岛(Mafia)、科摩罗岛(Comoros)及其直接的海岸,斯瓦希里语是他们的第一语言或母语,是现代坦桑尼亚共和国(来自桑给巴尔的标准形式成为国语)和肯尼亚部分地区的第二语言,偶尔在乌干达、肯尼亚部分地区和扎伊尔使用,在卢旺达部分地区、布隆迪和刚果盆地部分地区使用更少。

斯瓦希里语作为一种班图语建立起来,它具有吸收跟它接触的其他语言因素的能力,反映了东非沿岸地区的历史。因此,斯瓦希里文化最突出的特点是斯瓦希里语借用了大量的阿拉伯词汇、伊斯兰语言。它也融合来自葡萄牙语、印度印地语、德语和英语的词汇。

因此,斯瓦希里语意味着一种文化,它的使用是伊斯兰教和东非沿岸班图人不断交流的历史发展的结果;同时,也有可能来自设拉子(Shirazi,波斯)、葡萄牙人和其他来自亚洲和欧洲的贡献。我们有什么样的证据来证明斯瓦希里文化大熔炉里各种不同因素的存在呢?

最初的文献来自埃及的罗马和希腊的亚历山大城,是关于对红海和印度洋商人贸易的描述:1世纪的《厄立特里亚航海记》、5世纪的《科斯马斯》(Cosmas Indicopleutes)和5世纪克罗狄斯·托勒密(Claudius Ptolemy)的《地理学》。[64]这些来自希腊-罗马的埃及材料把东非称为阿扎尼亚(Azania),而《厄立特里亚航海记》把"最后一个本土的集镇"确认为是哈帕塔(Rhapta),"该词源自当地人用来称呼小型的缝合船(sown boats)",当地人被描述为是"身材高大的海盗",但是受酋长统领,并用象牙和龟壳进行交易。阿扎尼亚海岸被来自西南部的阿拉伯商人所控制,他们懂当地语言并跟阿扎尼亚人通婚。希腊—罗马的交流本身在沿海没有留下痕迹。

阿拉伯和伊斯兰的影响在此留下了最持久的痕迹。从托勒密的《地理学》时期开始的移民潮已经在阿曼国(Oman)的传统里得到证实。从10世纪开始,阿拉伯地理学家、旅行者和商人的叙述提供了更直接的信息,描述从辛吉(Zanj/Zenj)到阿拉伯的东非沿岸的阿拉伯人的定居和伊斯兰化进程。[65]根据麦斯欧迪（al-Mas'udi）（卒于约945年）的记载，来自波斯湾（阿曼和西拉夫）的船只频繁出入海岸。甘布鲁（Kanbalu/Qanbalu）最南部的岛屿有可能是奔巴岛上的木库姆布岬（Ras Mkumbuu），上面"混居着信仰伊斯兰教和辛吉偶像教的人"。⑥⑥ 沿海贸易的地理范围始于索马里的柏培拉（Berbera）海岸一直到辛吉，邻接索法拉国（Sofala），后来撤退到传说中的瓦克瓦克（Waqwaq）。根据地理学家伊德里西（al-Idrisi，1100—1166）记载，沿岸的一座"主要城镇"安古迦里人（Unguja）讲"桑给巴尔语"，是"混合"教派，但是"实际上大部分都是穆斯林"。⑥⑦ 伊本·白图泰（1304—1377）在1331年来到沿海，并以亲眼所见描述了早期访问过的泽拉（Zeila）、摩加迪沙（Mogadishu）、蒙巴萨岛（Mombasa）和基尔瓦·基西瓦尼（Kilwa Kisiwani）。伊本·白图泰把沿海地区和岛屿称为斯瓦希里，而把东非大陆称为"辛吉国"。基尔瓦（Kilwa）苏丹国袭击辛吉国，其战利品根据《古兰经》的规定进行处置。按规定要分给伊斯兰贵族（Sharif）的部分被给予了来自伊拉克的贵族拜访者和希贾兹人（Hijaz），伊本·白图泰在苏丹宫廷里看到过其中一些人。⑥⑧

这些以及其他阿拉伯人的记录提供了充分的证据证明阿拉伯人在东非岛屿和沿海地区已经从事多年的经商、定居、统治和对伊斯兰教的传播。由于主要定居点在岛屿上，所以没有要求修建防御墙、石头建筑和清真寺。然而，大陆地区提供了出口商品，而对这些商品的需求最终导致了19世纪阿拉伯人对大陆的渗透，紧随着建立起阿曼王朝对岛屿的统治。在当地传统里还列有来自波斯湾的其他穆斯林定居者"设拉子"，他们是来自法尔斯（Fars）地区的都会设拉子的波斯人。斯瓦希里编年史，包括基尔瓦的编年史里都突显出设拉子是统治王朝的创建者。奇蒂克（Chittick）认为，这些"设拉子人"并不一定是直接来自波斯湾的波斯人，而是长期居住在索马里海岸巴纳迪尔（Banadir），已经成为"斯瓦希里人"的第二代移民，从12世纪下半叶开始他们往南部搬迁到东非沿岸。⑥⑨

我们也注意到有关东非沿岸与远东地区中国人（和印度人？）交流的记录或信息，中国人提供了从9到13世纪交流的记录，而考古也挖掘出中国瓷器。⑦⑩

东非沿海的贸易在16、17世纪受葡萄牙人竞争和控制，18世纪的大部分时间和19世纪被阿曼王国的阿拉伯人控制，19世纪末被德国人掌控，而到了欧洲殖民统治时期是英国人。所有这些历史经历都反映在内部的斯瓦希里史学中。

一些斯瓦希里编年史得以恢复，它们是以阿拉伯语或斯瓦希里语书写的阿拉伯文本。⑦⑪ 最著名的地方史是基尔瓦编年史，在1520年至1530年由一个不知名的作家用阿拉伯文整合在一起，它的复本在1872年得以复原，并收藏在英国博物馆里。巴洛斯(de Barros)在1552年出版了葡萄牙语缩略版。⑫更加完整的阿拉伯文版本普遍上更受欢迎,从早期版本的抄写过程中在一定程度上被删减,因此,列在目录里的最后三章已经缺失。更甚者,葡萄牙语版本显然记录了口头信息,因此,巴洛斯无法区分哈桑(Hasan)和侯赛因(Husain)这俩名字。

无名氏给基尔瓦编年史命名为《基尔瓦历史的宣慰书》,由导言和10个章节组成。导言部分专门设计为理论部分,"是对才智和精神艺术的叙述"。第一章涉及起源问题;基尔瓦的建立是基于波斯设拉子国王和他的6个儿子分别乘坐7条船,每条船停靠在不同的海岛码头曼达喀(Mandakha)、肖加(Shauga)、延布(Yanbu)、蒙巴萨(Mombasa)、奔巴(Pemba)、姆瓦(Mwa)和昂儒昂(Hanzuan)。当第六艘船抵达基尔瓦时,那里已经有一个叫基巴拉(Kibala)的清真寺。一个名叫姆瑞瑞·瓦·巴里(Muriri wa Bari)的穆斯林帮助设拉子用"许多的布匹"从异教徒统治者手中买下这个岛屿。第二章叙述了基尔瓦和一个叫迈塔曼达林人(Matamandalin)之间的矛盾。接下来的章节按时间顺序记载了不同的苏丹国统治者。

一份对这8个"斯瓦希里历史"起源的概述重现在弗里曼·格伦维尔(Freeman-Grenville)的《东非海岸史料选辑》里,在某种意义上揭示了他们的本质和范围。

第1部分《无名氏:蒙巴萨历史》,约1824年,被岛屿上的英国总督所收集,从原始的斯瓦西里语翻译成阿拉伯语,他又从阿拉伯语翻译成英文。之后一个法国船长获得了阿拉伯文的版本,他随之着手翻译成法语。此书遵守伊斯兰的传统,开篇是祈祷部分,并叙述了蒙巴萨"最后一位设拉子"统治者和"阿曼阿拉伯人、葡萄牙人和斯瓦西里人之间所发生的事情"。这是沿海文化的真实产物,结合了口述传统和伊斯兰历史的叙述传统。

第2到第6部分的历史是对原始斯瓦希里文本的复制,1907年在坦噶尼喀德国政府工作的一个名叫维尔滕(C.Velten)的官员在柏林出版。⑬他根据一份口述译文写下对姆瓦·基斯瓦尼(Mwa Kisiwani)的叙述,并获得了文字记录的有关林迪(Lindi)的历史。基尔瓦的叙述认为,"最初建立基斯瓦尼的人"是在设拉子到来之前的穆塔卡塔(Mtakata)、穆兰加(Mranga)和马钦加(Machinga)人。这份叙述被认为是"姆瓦·基斯瓦尼的祖辈",揭露了其口述传统的起源。其他的历史也遵循口头叙述的模式。

第7部分《帕泰史》源自一位名叫斯蒂甘德(C.H.Stigand)的英国殖民官员于1913年出版的对布瓦纳·基提尼(Bwana Kitini)的口述记录。布瓦纳·基提尼是"帕泰苏丹王们的直系后裔"。布瓦纳·基提尼本人坐在穆罕默德·宾·布瓦纳·木库(Muhammad bin Bwana Mkuu)脚下,别名布瓦纳·辛巴(Bwana Simba)。显然也有文字版本,但是信息提供者坚持用斯瓦希里语进行"口述"。到目前为止,这是在全部口述记录范围里最长的叙述。

第8部分《库阿、华尼岛和马菲亚史》是距今最近的,于1955年由酋长穆万汉德·宾·朱马(Mwinehande bin Juma)"叙述"给弗里曼·格伦维尔。在这份叙述里来自波斯的设拉子成了库阿最早的主人,后来阿拉伯人接手控制。[74]

斯瓦希里语无论是在史学还是在语言中,一直是非洲内部的口述和传播传统,但是却披上了伊斯兰这件新的外衣。

第三节　伊本·赫勒敦:伊斯兰传统中的 非洲历史哲学家

伊斯兰史学传统是集世界不同的文化贡献为一体。土耳其人贡献了官方档案的传统,而波斯人拉希德·丁·法莱·阿拉赫(Rashid al-Din Fale-Allah,1247—1318)用波斯文书写而成的世界史《史集》,被译成阿拉伯文,该作者被认为是给世界提供"对全球人类和不同人种进行详细叙述的世界史"的第一人。[75]阿布·扎伊德·阿卜杜勒·拉赫曼·伊本·赫勒敦(Abu Zayd Abd al-Rahman Ibn Khaldun,1332—1406)的《历史绪论》代表着马格里布非洲对伊斯兰历史哲学的贡献。

伊本·赫勒敦在突尼斯出生和成长,在摩洛哥、西班牙担任政治官员,并担任埃及开罗伊斯兰教马利基教派(Malikite)的法官。从各个方面来看,伊本·赫勒敦都是北非人。实际上,写《历史绪论》的最初计划仅仅是针对马格里布的传统历史,以此作为洞察政治实践的一种方法。在书写介绍部分的时候,首先,得出结论,如果没有对文化进行本质的了解是无法从内部书写历史;其次,仅马格里布区域内的历史是无法回答他提出的更广泛的问题。因此,他计划扩展写成三部书:

第1部　文化学
第2部　从创世纪开始的基于阿拉伯历史的世界史
第3部　马格里布史

因此巨著《历史绪论》(前言或绪论)仅仅是对《阿拉伯人、波斯人、柏柏尔人历史的殷鉴和原委》(该书内容涵盖早期和后续历史的档案,处理有关阿拉伯人、非阿拉伯人、柏柏尔人和同时代的至高统治者的政治事件,简称《殷鉴书》)的第一卷绪论部分。⑯

《历史绪论》作为第1卷,代表了伊本·赫勒敦对史学的原创性贡献,是历史学科的关键。原本计划作为《殷鉴书》一书的前言,但它却成为独立的理论作品,有了自己的生命力,成为对作者的主要纪念,并成为伊斯兰传统对整个历史哲学的杰出贡献。该书的叙述没有遵从它的双重身份。在描写文化学的6个章节前面有祷告、序言、通史介绍以及专门针对《历史绪论》的引言部分或初步评价。

祷告部分确认作者,并首先赞美人类和民族的创造者——上帝,其次赞美穆罕默德和他的家人以及同伴。伊本·赫勒敦在序言部分给历史下了简单的定义,回顾了早期历史学家们的作品,并以此书的大纲作为结尾。他把历史定义为同时具有表层和深层的学科。表层只是对事件的叙述。它的吸引力在于它的娱乐价值和信息价值,而事实上深层次的多样性属于哲学的类别,涉及思考以及通过对历史进程和原因的观察来寻求真理……"事件如何以及为什么发生"。早期历史学家被分成极少数的"权威"、大量的仅仅抄写权威们作品的"报导者"以及其他编辑国王王表的人。根据伊本·赫勒敦的评价,甚至"权威"也是有缺陷的。相反,他认为自己在《历史绪论》里的表述是独特的、原创的,在方法和章节的布局上,对主题综合和详尽的处理上,以及对"事件是如何以及为什么如此"的解释是与众不同的。伊本·赫勒敦承认,此书是基于马格里布阿拉伯人和柏柏尔人的历史,但是也是"对世界的详尽的历史",是"哲学之舟和历史知识的容器"。

在概述里,伊本·赫勒敦把他对历史工艺的观点概括为实践,并延伸到对早期历史学家的批评。他赞美历史作为一门学科涉及许多方法、许多方面以及一个明确的目标。历史以它的过去经历给当代人提供指导。从事历史的人需要许多的原始资料、大量的多样化的知识、"优秀的推测思维"和十分认真的精神。一个历史学家不能依赖过去传递下来的任何信息的表面价值,而必须遵循"来自习俗、政治的基本事实、文明的本质、[和]支配人类社会组织的情况的原则"。⑰历史学家必须把类别相似的古代和最近或当代的材料进行对比和评估。历史、哲学、"事物本质的知识""推测和历史洞察力"这些潜在规则的应用对获得历史真相非常关键。比较的方法非常重要,因为"过去与未来的相似之处远胜于一(滴)水与另外一滴的(相似之处)"。

伊本·赫勒敦正是意识到历史学家需要拥有超出普通的学识才让他写下了

不朽的《历史绪论》,使之成为他的通史和马格里布史的第1卷,成为历史学家们获得真相所必须的新学科的基础。在书的引言或初步评价部分⑱,他给历史下了定义,列举了历史学家们为何无法获得历史真相的原因,以及新文化学的必要性,并陈述了解释新学科的6个章节的结构。

那么,什么是历史? 伊本·赫勒敦给它的定义非常广,囊括了所有的"人类社会组织"或"世界文明",以及人类生活和社会的所有方面。史学家们由于偏见和不同派别以及没有处理传统和提供信息者的能力而无法获得满意的效果,但是最主要的原因还是由于对文明、事实、事件和行为的实质的忽视。由于他们忽视了对历史理解而言非常必要的基础学科,所以他们叙述的故事荒谬又不真实。

为什么历史学家们无法获取这门学科的知识呢? 因为这门学科还没有形成。尽管与修辞学和政治学相似,但它与这些学科并不完全相同。事实上它是"一门独立的学科",有点"新颖、特别、非常有用",是"一门完全原创的学科"。新学科的目标是人类文明或社会组织,它的成果、结果、目标或终点是"历史信息"。伊本·赫勒敦推测它被以前的哲学家所忽略的原因,并提出有限的目标:"仅对历史信息进行核实。"

第四节 结 论

那么伊本·赫勒敦对新学科的形式和内容的看法是什么呢? 他的建构是基于人类区别于其他生物的一些特性:

(1) 思考的能力,导致艺术(工艺)和科学的发展;

(2) 对约束权威或政府的需求;

(3) 为了生存的行为;

(4) 在城市和村庄(定居)或在沙漠(贝都因人)里建设文明的能力。

人类的这些特点决定了《历史绪论》被分为6个章节分别处理:

(1) 一般的人类文明;

(2) 沙漠文明;

(3) 王室权威或政府;

（4）定居文明；

（5）生存的手艺和方式；

（6）各学科。

第1章，由6个前言的讨论组成。[79]首先给术语下定义。人类有思考的能力，本性上倾向于合作分工，居住在小镇和城市里，受统治者控制的有限的影响下在有组织的社会或文明里生活，拥有创造工艺和科学的能力，这些都让人类与众不同。第2部分的前言，根据克罗狄斯·托勒密（Claudius Ptolemy）和阿拉伯地理学家们"基于观察和传统的延续"，把地球划分为7个区域和次区域。非洲马格里布南部、撒哈拉和苏丹地区的各城邦被划分为是未知的尼格罗黑人区域，他们"还不能称之为人类"。第3、4部分的前言是关于气候情况对人类和文明产生的影响。例如，尼格罗人以黑皮肤著称并不是因为其祖先罕（Ham）被诅咒而是因为太阳的热度。第5部分的前言是有关每个区域的资源，第6部分有关宗教和各种不同的观点，即"学者的观点""圣人的观点"以及"受启示"的先知的观点。占卜和其他形式的超自然感知被详细讨论，但大部分被摒弃。

第2章[80]，详细解释了沙漠的本质或贝都因人的文明，主要与28个次区域的定居文明相反。贝都因人和定居文明都是源自自然，并由一系列的因素所控制和决定。

首先，生存的各种方式。贝都因文明的基础是自给农业和畜牧业，而定居的人居住在城市里以发展工艺和商业来积聚财富和奢侈品。贝都因文明工艺的特点就是畜牧业，由所蓄养的动物类别进行划分。那些蓄养牛羊的柏柏尔等人通常不需要进入到沙漠深处，而蓄养骆驼的贝都因阿拉伯人被迫迁入沙漠深处。因此，伊本·赫勒敦使用"贝都因人"和"阿拉伯人"作为技术术语来表示'早于'定居文明的沙漠文明，而定居文明也是贝都因人所渴望达到的"目标"。

其次，当定居居民趋向于奢侈品、享乐，沉溺于"邪恶的品质"的时候，贝都因人却只关注基本的必需品，因此，保留了自我克制的习性，恶习也较少。

第三，定居居民由于法律的约束，城墙的保护和雇佣军的使用而变得懒惰和虚弱。而贝都因人一直保持强壮、勇敢和自力更生。

第四，贝都因人主要的活力的来源是"阿萨比亚"（asabiyah，意思是"集体精神"），也被形容为公共精神、社区感情，或社会团结。[81]伊本·赫勒敦对集体精神进行扩展，把它当成一个专业术语，包含最初来自共同的祖先并巩固着贝都因文明的品质，以及领导能力和定居文明中统治王朝的支配精神。因此，这一章的主要部分都是有关贝都因文明中集体精神的本质和历史,以及在定居文明中发展起来的"王室权威"或领导力。然而,经过连续四代,每一代持续40年,单个家族的集体精神"不可避免地衰退了"。开创的一代拥有必备的各种领导能力,第二代通过直接的接触接收了它们,第三代只能通过"依赖传统"进行接触,而第四代则失去了联系。这样的一个王朝在第五、第六代以后几乎无法在领导阶层生存。这时,权力被一群有强大的集体精神的群体所攫取,例如,来自沙漠的贝都因人,或是来自边境区域的处于上升趋势的家族。

第三章[82],52个小章节在特殊的政府领导阶层的环境下延续了对集体精神的讨论。集体精神作为唯一获得权威的方式而建立起来,而它的含义扩展到包括部落成员、统治王朝或者是它的同盟者和国民之间"为彼此战斗和死亡的(共同的)情感和意愿"。在马格里布和伊斯兰教世界的历史里,对政府的条件、形式、内容和本质进行综合详细的描述并举例证明。

第四章[83],讨论了"王室权威"或政府(通过集体精神创立),紧跟着讨论城镇的定居文明,因为王家"先于"城镇的建设并且对城镇建设和维护是"绝对必要"的。城市的政治、建设、政府、经济和文化在伊斯兰历史中得到详细描述。

第五章[84],有关经济的探讨始于对劳动价值论原理的阐述,接着继续讨论谋生的艺术和工艺。一些艺术,如文字、医药和唱歌,由于它们承载的客体而显得"高尚";而其他的工艺,如农业、建筑和木工手艺是定居文明以及它所衍生的财富和奢侈所存在的"必要条件"。农业被归类于自亚当就开始实践的基本的、自然的和古老的工艺。人类只在定居文明里才继续此工艺的发展。

第六章[85],是关于学科,是"人类完美的开端,人类高贵优越性的终结"。在序言和59个小章节里被简单地提及过。三个程度的智力和感知力的界定如下:

(1)由各种感知组成的具有辨识能力的智力;
(2)能掌握统觉的实验智力;
(3)由感知和统觉组成的推测智力。

从思想衍生出社会组织、行为、工艺和学科。

学科的教导是一门谋生的工艺,而学科被再分为两类:哲学的或智能的学科和传统的或习俗的学科。智能学科有四种:逻辑、物理、形而上学和数学。传统的学科是以《古兰经》和圣行的宗教法为基础,并得到阿拉伯语辅助学科的支持。

科学地教导这门工艺在巴格达、巴士拉和东部库法繁荣起来,却在埃及的开罗得以巩固下来。马格里布的凯鲁万和西班牙的科尔多瓦是早期的中心,后来都让路给初出茅庐的突尼斯中心。

在传统的学科中,具有"预言性的传统"的《圣训》直接跟历史有关。这是一门非常特别的学科,其指导原则为:

（1）对传统的接受或抗拒;

（2）建立"传播者之链";

（3）对传播者分等级;

（4）规定"传播进行的方式";

（5）把传统的等级划分为"可靠"、"良好"和"弱";

（6）评估传统的文本,最终建立权威性的收藏,布哈里的（Al Bukhari）的《圣训实录》被认为是"最高等级"。

在智能型的"哲学和智慧的学科"中,逻辑是希腊的遗产。伊本·赫勒敦的历史从苏格拉底、柏拉图和亚里士多德追溯到穆斯林的大师法拉比（al-Farabi）、阿维森纳（Avicenna）和阿威罗伊（Averroes）,并试图使他的历史适应伊斯兰教法和宗教体系。其他的学科被小心地包含在一个涵盖各分支的综合列表里。例如,物理学包括农业和医学学科。数学学科通过几何、算数、音乐和天文学精心设计成几个深奥的分支。学科列表最后还包括诸如像魔法和点金术之类的伪科学,以及像语言学和文学之类的人文学科。

《历史绪论》以长达一页纸的总结性评论作为结尾。在这里,伊本·赫勒敦表明这篇长论述已经改变了他主要想写一部历史的初衷。尽管很长,但是《历史绪论》仍然只是对"文明本质"以及"与之相关问题"的初步研究。他的问题不可能完全解决,而他的继任者有责任"添加更多问题",以此来完成对这门新学科的描述。

伊本·赫勒敦历时5个多月在1377年11月完成了第一部《历史绪论》的草稿,但是计划继续在接下来的几年里进行修改和纠正,同时,继续构想第二部和第三部……《世界通史》实质上的历史部分。

那么伊本·赫勒敦的贡献实质是什么呢? 通常认为,他创建了对伊斯兰教历史学和新学科……社会学的原创性的总结,但是明确了他在社会学和历史哲学等大部分学科方面的贡献。他建立了普遍的原则,即本质上而言社会和文明在经历发展的几个阶段或周期后会消亡。由于伊本·赫勒敦对历史采用的批判性的方法和他的循环论以及认为历史会给政治行为提供教训的信念,他被认为可以与西方历史学的创始人之一修昔底德(Thucydides)相媲美。⑧伊本·赫勒敦是原创性的理论家,他的《历史绪论》在西方和现代穆斯林学者中深受欢迎。然而,他在理论领域的成就并没有完全反映在非洲或伊斯兰教世界的实际历史实践中,也没有反映在他自己的或以后的时代里。因此,伊斯兰学者呼吁要重写穆斯林历史。⑧

◆ 第五章　西方传统 ▶

> "乌龟是他母亲的母亲。"——尼日利亚内贝族（Nembe）谚语

第一节　定义与历史

　　早在西方史学传统的发展伊始，它就与非洲口述史及内部书写传统建立联系，这最早可追溯到希罗多德对古埃及的游访。尤其在古希腊和古罗马帝国统治埃及和北非地区时期，西方与该地区的非洲史学传统联系更紧密，此后，非洲史学传统开始被伊斯兰传统取代和覆盖。在西欧扩张时期，西方传统再次回到非洲。自19世纪末开始的西方帝国主义和殖民统治时期，西方史学传统在非洲大陆建立起来并成为主导。

　　凭借其内部架构不断的更新完善，及其背后掌控全球资源的西方势力的支持，西方史学传统在现代世界的发展愈发强势，甚至作为全通用标准而占据核心地位。本章节只探讨其内部历史、与其他非洲史学传统的碰撞交融以及其在当地的表现和实践。借助历史哲学家柯林伍德（Collingwood）在迷雾中开辟的对一直到19世纪末和20世纪初的各时期的阐述，我们试图克服由于传统的和关于传统的文献的规模和多样性所带来的问题。[1]到了现代及后现代时期，以海顿·怀特（Hayden White）最先提出并得到安克斯密特（Ankersmit）及其他史学家宣扬的叙述主义历史哲学的相关评述及发展为研究根据，我们在密林里开辟出一条捷径。[2]

　　柯林伍德认为，定义西方传统中的"历史"，可从其性质、对象、方法和目的四方面入手：

　　（1）它是一门科学，或对问题的一种解答；

（2）它与人类过去的行为有关；

（3）它建立在对证据的阐释之上；

（4）它以人类的自我认识为目的。③

西方对史学发展的贡献具有如下特点。第一，西方帮助史学发展成一门重要的科学学科，帮助建立其知识体系；第二，西方使史学以人类事务为重心；第三，发展对不同模式的文献材料的阐述方式。在西方，多种类型的非科学性的历史被划分到了所谓"剪刀加浆糊"的史学分类下。这种历史学以对所谓的权威证词的校对为基础，能发展成重要且类型多样的普遍史，但无法建立一个知识体系。本文将采用柯林伍德对科学式史学的定义，并兼容并蓄来自自然学科、社会科学和人文科学的其他观点。

西方传统的根源最早可追溯到古希腊和古罗马帝国时期，尤其是希罗多德和修昔底德。希罗多德（Herodotus）在哈利卡纳苏斯（Halicarnassus）的东部希腊古城受到早期古希腊传统（荷马和米利都的赫卡泰乌斯）和尤其他在古埃及和波斯游访时所接触到的东方传统的影响。④他对史学的革新被认为比苏格拉底对传统希腊哲学思想的背离更激进。希罗多德针对当时传统只接受"不变的是可知"的哲学观点，而考虑到了其中的变化。他提出了"历史"（Historia）一词，借鉴荷马的叙事诗形式，探究、调查并创作出了一部人文主义的经典散文集。尽管在研究方法和史料真实性上还有缺陷，但在西方史学传统中希罗多德仍被当做"史学之父"。实际上，引起古希腊和古罗马评论家控诉和指责其作品存在杜撰之处的，正是他对埃及和东方口述传统和口述史的成功应用，而这正是使他进入近代专业史学家、社会学家、民俗学家和人类学家行列的重要因素。⑤

修昔底德（Thucydides）在希罗多德去世之前用另一种方法开始写作，并对后者进行批判。修昔底德牺牲华丽的文学辞藻而忠实于事实的准确性和关联性；相比历史事件和人物本身，他更倾向于挖掘总结历史事件的规律。因此，他对所述的追求事件的典型、普遍和永恒因素的当代希腊哲学更为推崇。他所描述的国际政治体系不顾道德和正义去追求其统治和国家利益方面是残忍的。因此，在这些方面他常被拿来与其他两位独立的历史哲学家作对比，一位是马格里布的伊斯兰历史学家伊本·赫勒敦，另一位是意大利文艺复兴时期的历史学家马基雅维利（Machiavelli）。⑥修昔底德在完成作品前就去世了，在世时也并未取得较大成就，但到了1世纪才在罗马声名鹊起。修昔底德坚信政治学可以独立于历史之外并指导政治行为的这种思想通过波利比奥斯（Polybius）传给罗马历史学家。最伟大的莫过于塔西佗（Tacitus），他参照修昔底德的方式，对人物和言论进行心理学分析。

罗马帝国时期基督教作为国家宗教而建立，开始脱离了希罗多德的人文精神和修昔底德的本体论：希罗多德的历史与"人的行为、目的与成败"有关；修昔底德认为历史的主体是不变的，会发生改变的只有他的行为。⑦基督教的第一阶段的传统在非洲传教士希波主教圣·奥古斯丁（St Augustine）的著作《上帝之城》中得到了概括并传到了中世纪欧洲。根据奥古斯丁的看法，基督教国作为《圣经》的六个时期的最后一个时期，即使在罗马帝国毁灭后依然会存在。他认为，上帝之城与诅咒之城间永远存在对峙，因为上帝早已预先设定了历史，使人类只有通过主的恩典方能实现善行。

此后，基督教传统在中世纪得到了牧师们和学者们进一步的发扬光大。古希腊罗马对人类行为基于理性的观点被原罪观念代替，后者认为人类被欲望控制。其后，希腊哲学中有关永恒的部分也被世界万物除了上帝都在变化的看法所取代。基督教历史学为宇宙诞生直到未来的末日审判的普遍史创造了一系列新的概念。作为历史学的一个分类，它为年代学和历史分期法提供了依据，却未涉及严谨的调查，其中，一些观点流传到文艺复兴时期，成为了启蒙运动倡导者们诟病的对象。⑧

文艺复兴时期的历史学家们撇开了"神圣计划"，重新审视了人类活动。然而到这一时期，作为历史中心的人类已不再是古希腊罗马时期的理性动物，而是天性就具有缺陷。马基雅维利（Nicolo Machiavelli，1460—1527）坚信，带着可与修昔底德相媲美的思想，历史对其意大利王子具有指导性作用。到17世纪，文艺复兴史学家已基本上从中世纪基督教史学的禁锢中解脱出来。两个运动进一步推动了欧洲史学家朝同一方向进一步发展，一个是由笛卡儿（1596—1639）的思想激发；另一个是由伏尔泰（1694—1778）引领，他提出了"历史哲学"这一概念。

由于笛卡儿哲学对历史的极端怀疑论，促使史学家们发起了对其消极阐述的反驳。笛卡儿认为，历史并非是一门能够创造出知识的学科，而是充满了逃避主义并只制造幻想。笛卡儿哲学认为，史学由史学家和历史哲学家们（维柯、洛克、伯克利和休谟）共同构建。他建立了批判史学的新标准。⑨

启蒙运动时期的哲学家们认为，所有早期的非理性时期都是由宗教和牧师们一手造成的，并发动了十字军东侵，希望通过开明的专制君主的带领走向理性时代。尽管孟德斯鸠（Montesquieu）和吉本（Gibbon）在史学领域取得进步，孔多塞（Condorcet）在也史学范畴中追寻未来理性时代，但是启蒙时期的史学对早期，尤其是中世纪时期毫无兴趣。这一运动使史学的触角在总体上延伸到了艺术、科学、经济和文化领域。

到浪漫主义运动时期，才恢复了被忽视的所谓非理性时期，并建立起"人性是变化的主体"的观点，西方史学才脱离了启蒙运动时期所遭受的宣传暴力。让·雅克·卢梭（Jean Jacques Rousseau，1712—1778）不仅描绘了当时民众对开明专制君主这一想法的抵触，并提出普及教育体制来提高民众成熟度。这项运动促使对非西方文明甚至"野蛮"社会及更早时期的历史的尊重。格奥尔格·威廉·弗里德里希·黑格尔（1770—1831）是这一历史哲学的集大成者。人类通史中进步的观点或历史哲学是对伏尔泰（Voltair）和赫德（Herder）观点的重建，来自启蒙时期和浪漫主义运动时期的康德（Kant）和其他哲学家的自由一词成为一种不断发展的宇宙过程观以及现今的历史终结的概念。黑格尔的辩证法思想认为，概念（正题）可以转换成他们的对立面（反题）并由此发展出新的概念（合题），这为卡尔·马克思（1818—1883）对后世颇具影响的唯物辩证论奠定了基础。柯林伍德并不完全同意黑格尔在《历史哲学》中的论述，他认为，由于"绝对精神的历史，即艺术、宗教和哲学"是黑格尔的强项，因此，黑格尔本可在这些方面阐述得更好，那就不会导致在政治历史上的局限。⑩黑格尔的"绝对精神"这一思想在地理上贯穿东方、古希腊—罗马直到西方的欧洲，但是却把非洲和世界上的其他区域和民族排除在外，因为黑格尔认为这些地区没有历史也没有联系。

马克思将黑格尔的辩证法运用到政治史和经济史，认为经济是一切发展的基础，其他都是上层结构。他把黑格尔的自由的三个阶段运动：东方的一人专制、古希腊—罗马的部分自由、西方的完全自由；发展成了经济基础的三个发展阶段：原始的社群主义、资本主义、社会主义。由此，历史辩证是所有社会通过内部阶级矛盾走向社会主义乌托邦的（经历奴隶社会、封建社会等）不可避免的冗长复杂的运动。在由封建社会所分化出来的资本主义社会中，被剥削的无产阶级和剥削的资产阶级之间的阶级斗争将会成为变革的引擎。马克思主义史学因此贯穿今昔、预测未来。

马克思主义因而成为了经济史的发展动力以及东欧、亚洲、非洲和拉美的激励思想，但却未对19世纪实证主义时代的西方史学造成较大影响。

以自然科学方法论为基础的实证主义对史学具有支配性影响。史学家们采用实证方法中详细的事实研究，并主要以专著的方式发表成果，却未遵循实证研究的要求形成普遍经验定律。19世纪的史学家对研究方法的掌握颇为自信，由此给予达尔文的《物种起源》（1859）在历史进程研究方面极高的荣誉。包括兰克

（Leopold von Ranke，1795—1886）在内，在整个科学历史进程中占据领导地位的史学家们建立起了研究重要文献的具体准则，以便对过去"实际上发生了的事"进行调查以探索特定史实，但这却无法帮助他们获取历史的整体或历史哲学以对历史进程作出解释。⑪实证史学的发展由德国扩散到法国、英国和美国。

20世纪，西方史学在理论与实践方面都发展迅速。在实证研究方面的自信促使史学家将历史研究的方法过程放到了首要位置，并提出了历史相对论（historicism）。波普尔（Popper）对其含义进行拓宽，涵盖马克思主义与其他类似理论，认为"在不变原则的统领下，可以预见改变的发生"。⑫柯林伍德则持有理想主义的观点，认为史学家们是在他们自己脑中通过重新思考各种思想以及对历史作用者行为的不断重现来了解过去（译者注：即"重演论"）；亨普尔（Hempel）关于历史诠释的实证主义理论是建立在普遍经验定律之上；以及沃尔什（Walsh）的总括性概念（colligatory concepts），以上几种观点仍处于争议中。⑬

法国史学家们则采取了另一条路径，他们借期刊《经济与社会史年鉴》这一平台摆脱了实证主义的框架约束，该杂志由吕西安·费弗尔（Lucien Febvre，1878—1956）和马克·布洛赫（Marc Bloch，1886—1944）于1929年创办。年鉴学派的形成宣告史学实证主义的终结，他们与其他学科联系，反对用事件构成的历史观，并倡导用经济史和文化史来取代政治史，以认真研究感情模式来取代传统的传记模式。1946年，费尔南·布罗代尔（Fernand Braudel，1902—1985）将杂志取名为《经济·社会·文明年鉴》，并逐渐在这场运动中发挥起领导作用。1949年，布罗代尔出版了《菲利普二世时代的地中海和地中海世界》一书，这标志着年鉴派主要原则的确立，并在1950年巴黎举办的历史科学国际大会上进行展示。

布罗代尔这本革命性的著作，陈述并描绘了作者认为地理和环境造成历史的缓慢变迁的观点。法语"longue durée"，指长时段；社会史的"温和的节奏"，"conjuncture"，即中时段；以及事件史，"尤以是人类的"历史。布罗代尔的体系被学界认为是跨越了"地理时间、社会时间和个体时间"的"时段辩证法"。⑭

埃马纽埃尔·勒鲁瓦·拉迪里（Emmanuel Le Roy Ladurie）的作品是法国新史学的例证，他强调要使用数据和计算机软件。⑮他声称，"新史学"结合运用社会科学和口述史技巧，在欧洲其他地方和美国早已开始。⑯

然而，当下在哲学上最严峻的挑战来自叙事主义历史哲学，这种历史哲学已取代了由古至今贯穿于西方传统实践的历史哲学认识论的所有形式。⑰海登·怀特（Hayden White）在《元历史：十九世纪欧洲的历史想象》中对现代的历史叙事进行了描绘，并对历史文献或叙述、含义、史学创作的所有形式、史学家创作的本质上具有文学性的、隐喻性的、寓意作用的终端产品都赋予以一定地位。怀特将具体形式或情节类别分为四种：浪漫剧、喜剧、悲剧和讽刺剧；与此对应的是四种语言转义或类别：隐喻、转喻、提喻和讽喻。

安克斯密特（Ankersmit）进一步强调了历史叙事的重要性，并提出了专业术语"历史叙事"（Narratio），赋予了文献资料以自主性，对其内在叙事逻辑给予肯定；"叙述实体（Narrative Substances）"，作为历史创作的完整形象，由叙述性词句所组成。而利科（Ricoeur）则在其对后世颇具影响的《时间与叙事》中，通过对不同的时间配置进行思考，使叙事性与20世纪的其他哲学运动保持一致。⑱

历史叙事至今尚未被西方史学传统完全接受，但它却有望与史学家、史学史和历史哲学结合在一起。以《元历史》为例，它已经把史学家（米歇莱、兰克、托克维尔、布克哈特）和哲学家（黑格尔、马克思、尼采、克罗齐）结合在一起。与此同时，历史叙事也有望容纳非洲口述史传统及其他非西方史学史传统，由此，真正验证所谓的"乌龟甚至可能是他母亲的母亲"的说法。

第二节　与非洲史学传统的碰撞

非洲与西方联系的情况，随着以下几个可确认的时期在不断发生改变：先是在古埃及、北非和西方的古希腊、古罗马间产生了初次碰撞；之后，前述这些非洲区域及埃塞俄比亚同样地和早期基督教世界发生了再次碰撞；随后，欧洲始于15世纪的沿着非洲的西海岸上下到中部、南部和东部非洲的扩张，导致19世纪欧洲对非洲大部分区域的殖民统治。实际上，殖民时期双方间的接触程度导致了以它为基础的简单的历史时期划分，即前殖民时期、殖民时期和后殖民时期。在这样一个被简化了的历史分期中，我们必须意识到的是前殖民时期在时间上的巨大跨度。事实上，在与西方的碰撞中，古埃及和北非早已处于希腊和罗马的"殖民"时期，而最终后殖民时期最近被认为具有"新殖民主义"特点，是由于对非洲以及许多世界上的非西方国家的持续的西方控制的程度所致。

古代最早的有记载的时期，西方"史学之父"希罗多德（公元前484—公元前430年）、古埃及史学家曼涅托（公元前285—公元前246年）和希波的柏柏尔主教圣·奥古斯丁（公元354—430年）的史学提供了方便的指导原则。⑲

希罗多德在古埃及的第27王朝（公元前525—公元前444年），即波斯王朝的第一王朝时期对该国进行了游访。当时的古埃及已开始走下坡路，但古希腊的发展正达到顶点。在历史编纂方面，希罗多德借鉴了在当时已经超过希腊的古埃及的记录法、历法时间以及年表排序等方法。据希罗多德所述，另一位希腊史学家米利都的赫卡泰乌斯（Hecataeus of Miletus）早在他之前就已游访过古埃及，与他一样都认为希腊记录族谱的方式尚需完善。我们可以看出，在非洲与西方彼此接触的历史中这一个时期的独特之处。这是一个西方毕恭毕敬地主动接触埃及，希望能从已在埃及得到悠久而广泛使用的书写传统与口述传统中学有所获。

到了公元前332年，亚历山大大帝征服了古埃及，作为古埃及祭司的曼涅托形如处于"殖民"时期般地履行着其使命，用希腊文写下了《埃及史》一书，供统治者和少数进入了享有特权的亚历山大城公民身份的埃及精英阶层阅读参考，而亚历山大城是"人类世界上最伟大的商业中心"。[20] 因此，曼涅托的史学成果是古埃及史学实践和古希腊语的西方传统的结合体。也许上述确实可被视作自19世纪末开始的殖民时期及后殖民时期非洲史学的序曲。在屈服于今天阿拉伯世界的势力之前，埃及的古代传统依次经历了古希腊时期（公元前332—公元前30年）、罗马时期（公元前30年—公元395年）和拜占庭时期（公元395—640年）的征服。科普特基督教派是古埃及传统与古希腊—罗马文化的西方传统的最后一次文明遗产的结合体，之后，其中的要素传播到了埃塞俄比亚，在那里为基督教王国的传统建立了根基。

关于北非其他地区，圣·奥古斯丁代表了接受古希腊—罗马基督教派哲学和思想的文化移植的最高点，因此，他得以在家乡塔加斯特［Thagaste，现阿尔及利亚的桑克阿哈拉城（Souk-Ahras）］生活和工作，以及在罗马或米兰担任修辞学教授。在精神上，圣奥古斯丁是上帝之城大同社会中的一员，在那里没有种族或国籍之分。然而，最终促使圣奥古斯丁皈依基督教的原因是他于公元前386年在一个米兰的花园里阅读了古埃及"沙漠教父"圣安东尼（St Antony）的传奇一生。这时，距离他因阅读西塞罗的作品而选择哲学已有12年了。《上帝之城》一书原是圣奥古斯丁用来维护基督教免受反对者抨击的武器，但他最后却把它写成了史上第一部关于早期基督教史学的总结，其中还涉及了基督教教义、原罪、上帝的恩典、宿命论等概念。在《忏悔录》中，奥古斯丁对时间哲学进行了进一步创新贡献：

在面对极度强调精确的西方史学传统的背景下，奥古斯丁的时间哲学仿佛是非洲的口述传统中相对宽松的观点的一种创新表达。奥古斯丁尽其所能，希望能够"抓住"时间，但却发现时间一直都处于流动之中，无时无刻不在走向"虚无"。如果我们要去衡量时间，唯一的可能就是当下此刻的时间。然而，在过去和未来中间"并没有现在的空间"，现在这一时间仅存在于回忆和预言之中。

圣·奥古斯丁认为，大脑是理解时间或理解我们对过去的叙述、预言或对未来的预测的关键。对过去的历史叙述来自大脑的图像复原，"当他们经过感官的时候就像脚印一样……被留下来"；而且，对未来的预言也只能是以"当下之事为基础，而当下是业已存在且可见的"。因此，过去、现在和未来仅仅只是"过去的现在、现在的现在和未来的现在"，是大脑单独完成了时间的合成，"时间只不过是大脑本身的扩张，别无其他。"

这一推论显然充满了不稳定性和不确定性。圣·奥古斯丁找到了在上帝与永恒概念间的平衡。他认为上帝操控并创造所有时间，认为"今天并不次于明天，但也并不胜于昨天"。"在永恒里，世间会消亡的除了整个当下，别无他物"。㉑

除北非地中海区域，中世纪的欧洲与大部分非洲区域处于相对隔绝状态。北非的伊斯兰扩张从马格里布进入了西班牙，并与西方维持着多样的关系态势，其中既有和平年代，也有战争时期（如十字军东侵）。著名的安达卢西亚非洲史学家伊本·赫勒敦认为，古希腊罗马的思想传统对伊斯兰文化所产生的影响大部分体现在哲学和科学上，这与希腊著作的阿拉伯语译本出现较早有关，因此为伊斯兰文化提供了发展的基础并作出了贡献。在编撰史方面，赫勒敦根据自己对马格里布历史的了解对伊斯兰传统进行了研究。与非洲的其他区域一样，自15世纪欧洲扩张后，西方传统霸权主义紧随着在北非建立，并在19世纪后期的帝国殖民主义入侵时达到顶点。

第一波欧洲扩张是在伊斯兰势力的直接压力下导致的，某种程度上是十字军东侵的延续，目的是为了接近敌人、虏获其财富和权力之源、与一些他们以为的基督教同盟会合。因此，葡萄牙的亨利王子在1415年占据了摩洛哥的休达（Ceuta）后，规划了他环绕非洲的海上航线；到了1715年左右，欧洲霸权主义侵入新、旧世界的版图轮廓被进一步扩大。㉒西部、中部、南部和东部非洲的大西洋和印度洋沿岸已处于欧洲的商业剥削之下，其中涉及奴隶、象牙、黄金和香料贸易。然而，为了进一步获取香料、黄金、白银、烟草、糖、棉花、动物皮毛和水产，欧洲扩张的中心很快转移到了印度、远东、美洲新世界和西印度群岛。非洲则成为了向美国种植园输送奴隶劳动力的关键一环，以及成为欧洲向东扩张的中转站。因此，非洲大陆成为大西洋三角贸易体系中（欧洲—非洲—美洲）的一部分，为18世纪工业革命走向19世纪资本主义的发展以及在19世纪末扩张性帝国主义达到巅峰作出

了相当大的贡献。㉓

由于大量非洲人民被强迫迁移至新世界,这为非洲和西方史学传统间发生关系而形成新格局提供了可能。然而,由于西印度群岛奴隶制和北美种植园的情况,这一可能被长期拖延了。直到大约19世纪末20世纪初,在新世界的非洲人爆发了一系列与历史根源相关的各种运动(如重返非洲、泛非主义等),这一情况才开始改善。在非洲本土,奴隶贸易并没有为开启非洲与西方传统之间的交流提供有利条件。奴隶贸易的舆论不佳,在贸易的过程中并没有对非洲大陆产生渗透,更没有促进两者的交流。仅有沿海区域的建设得以保留。因此在18世纪中期以前,欧洲对非洲在知识和传教方面的兴趣显然远少于他们对美洲地区以及在书写文化上先人一步的印度、中国、印度尼西亚和日本。㉔

尽管条件并不乐观,但截至1800年,在西方已发表的有关的书籍和文章总量已逾400;截至1865年,有关西非和中西非的资料在原先的基础上新增了300。截至1865年,有关南部非洲的资料数量几乎一样,但在接下来的19世纪它的数据要更高一些。1800年前,关于中非的出版数量非常少。1865年前,关于东非的出版资料数量一直低于西非,在此之后才追赶上来。然而,这些研究成果的质量却参差不齐甚至不可靠,并未出现如对记录美洲和亚洲一样的详细记录非洲当地传统的出版物。社会达尔文主义范式为多数该类研究提供了框架,却并未提升同时期人种志学专著的质量。自16世纪开始出现种类纷繁的官方报告,其中,包括《葡属安哥拉总督报告》。这些文献都是来访的欧洲中介或部分是欧化的沿海居民在罗安达(Luanda)或类似的沿海区域准备的,因此,研究本身其实并未与非洲口述史传统接轨。显然,由奴隶贸易所导致的暴力和质疑在非洲外来者和当地居民双方间留下了一道鸿沟,而语言障碍更是助推了这一僵局的持续存在。

在刚果王国,当地的知识分子阶层早在16世纪就与葡萄牙人展开了来往;相比之下,西非直到18世纪后期才开始有书面历史资料,其中,包括早期奴隶驻居大陆之外的叙述文件(据非洲学者埃奎阿诺(Equiano)、柯普顿(Capitein)、桑丘(Sancho)、柯古厄诺(Cugoano)、安托·维尔哈姆·阿默(Anton Wilhem Amo)。㉕

在殖民时期,奴隶贸易年代的暴行深入到非洲腹地并形成了新模式。在1885年柏林会议上,欧洲国家相互进行矛盾协调并最终达成条款上的一致以便更稳固地对非洲进行瓜分,新的局面由此形成。仅20世纪初的前20年,欧洲各国就完成了对非洲大陆的瓜分,只有利比里亚和埃塞俄比亚是非洲仅有的独立国家。然而在"二战"来临前,这两个国家最终还是落入了美国和意大利之手。直到20世纪

60年代,在耗时60年至70年后,才陆续有30个左右的新国家政权摆脱殖民。

欧洲殖民体系使建立在对非洲大陆上处于发展不同阶段的各城邦、王国和帝国抵抗的残酷摧毁之上。一些非洲国家被相当数量的欧洲移民定居者所占领,这对本土人口来说,进一步使殖民统治所带来的剥削和调整适应问题复杂化。极为常见的是,为了帮助大型的垄断资本主义企业实现对非洲大陆矿产和农业资源的剥削,殖民地政府甚至开放了港口和铁路,并提供了其他的基础设施以推动经济发展。这种殖民体系从根本上来说就是一种对被殖民者保持控制权的专制独裁的暴力工具,因此,也就形成了将"当地人"与白种人隔离开的局面,更不利于非洲与西方传统间交互对话。

殖民征服及与其相关的一系列经历都给非洲人造成了巨大的创伤。许多人在迷失中选择了基督教及其教会学校所提供的正规教育,这些被认为是侵略者的关键技术。因此,来自非洲方面的需求迫使殖民政府开办超出殖民政策计划所许可的学校数量。与此同时,许多非洲社群通过建立独立的穆斯林学校来拓展这一过程。㉖最终,在非洲农民、工人和知识阶层倡导下及"二战"后国际局势压力的双管齐下的作用下,在备受殖民的非洲大陆上,终于在20世纪90年代彻底实现了民族独立和解放。

对殖民时期遭到西方嗤之以鼻的非洲史学其实存在各种不同的理论,既有"原始而不存在历史"的理论,也有"含米特语推动了非洲史学发展"的理论;既有保护本土传统(伊斯兰书写或口述传统)的努力,也有为非洲政客和知识分子创建的反殖民主义历史。非洲人民记录历史传统的努力经常得到传教士的支持,甚至在某种程度上得到来自殖民宗主国的人类学家的推动。但无论如何,对非洲而言,殖民仍更多是引发矛盾冲突的根源,而非开启平等的创造性对话的平台。

那么,殖民政权究竟是如何积极宣传欧洲史学传统的呢?途径一是渗入中、小学课程,途径二是渗入到在喀土穆、马凯雷雷、伊巴丹、吕贡的那些新建的西式大学,并自20世纪50年代起渗入到这些大学的继任者。由殖民政府和教会创办的中、小学教授的唯一的历史是"宗主国"的历史,他们不仅向学生灌输殖民占领史,还赞颂其功绩;只有极少部分相当具有魄力的老师才会教授学生当地社会的历史。㉗50年代后,新建的大学引入非洲历史课程,这不仅是培育去殖民化的新史学的温床,新史学支持独立的民族主义战争,还开始为较低水平的教育提供教师、教学设备和教学课程的平台。

后殖民时期的到来并未立刻创造出让非洲史学独立于西方传统的环境。新建大学中的非洲学者他们本身就都是从欧洲和美国一些大城市的大学中走出来的，且大部分接受了19世纪的科学历史学。此外，最初高涨的创建教授民族主义史学新学校的乐观心态，现实中很快就在新殖民主义者给非洲新国家施加的压力，以及一些新政权领导者的无能失职或收受贿赂下显得心有余而力不足。[28]眼看新国家在资本主义时代晚期及跨国资本主义时代愈发深陷于对西方的依赖，[29]非洲史学家们遭受着令人沮丧的心理挑战：从疏远殖民主义，到去殖民化过程中满怀希望甚至欣喜若狂，到最后的希望破灭。尽管在世界社会主义的全盛期马克思主义方法提供了一种高效的对立的意识形态，但苏联解体后又进入阴云密布期。因此，当下对非洲史学家的挑战是在这片大陆上现存的形式纷繁的传统中开创出新的史学。

第三节　西方语境下的非洲史

西方眼中的非洲形象自古以来就来源于愚昧无知、偏见、民族中心主义、文化沙文主义和目空一切以及最终的种族歧视。当知识取代无知，一些有仁爱的专业学者和访非人员开始能够客观看待非洲，并逐步从把非洲当作客体变成他自身历史的主体。然而，自殖民时期起乃至到如今，偏见依然存在，发生变化的只是其形式而已。

希腊的希罗多德和北非阿拉伯的伊本·赫勒敦由于他们没有对非洲进行直接的了解而只是对各种神话的再现，由此产生的对非洲黑人奇怪的论述，恰好验证了由愚昧无知所导致的民族中心主义谬误和偏见所具有的普遍性。因为当希罗多德和赫勒敦这两位史学家根据一手证据资料，针对不分人种和肤色的群体及个人进行讨论的时候，他们身上也显示出了显而易见的人性和宽宏，因此，也有谬见随着进一步的了解最终得到了更正的情况。然而，在有些案例中，民族中心主义和民族歧视则在人们心中根深蒂固，最后甚至还在科学和哲学的名义之下得到了"合理化"。非洲的奴隶贸易、殖民主义和新殖民主义为这种语境提供了温床，肤色和技术上的事实差异更让各种欧洲优越和非洲"劣等"的观念大行其道。

这一系列基于种族的观点来源于生物学、人类体格学和社会人类学，来自基督教经文、肤色论，来自进化论和语言及普遍的文化差异。正是凭借这些理论学说，西方人构建了划分文明和野蛮的类别以及历史背景中的野蛮种族。首先，历史本身被认为是语言字母的使用和书写能力的掌握的代名词，因此那些不具备读写能力的社会或时期是与历史无关或是属于史前时期；第二，判定一个社会是否是文明社会的指标，如国家的形成、与西方的来往、轮子的使用、石头建筑以及其他文化元素,才能决定这个社会是否属于历史的范畴。

柯廷(Curtin)大致勾画出了1780年至1850年间影响英国对非洲看法的因素的关系网络。[30]尽管在这一期间,非洲奴隶贸易的规模逐渐缩小、西方与非洲社会的"合法贸易"的上升有望与非洲社群有更亲密的关系,但非洲"黑暗大陆"的形象直到19世纪50年代仍屹立不倒。英国的关注重心一直是作为奴隶贸易核心地带的西非,直到19世纪20年代才开始关注南非;到了19世纪50年代才开始注意到东非和中非,70年代后才包括刚果。19世纪八九十年代,欧美列强对非洲的瓜分标志着英国和欧洲国家对非洲的根深蒂固的看法被推向高峰。

欧洲生物学家和理论家构建出了一条"人类生物巨链":非洲处于最底层,而欧洲位列最高层。无论他们是相信人类的单一起源,即一源论;或是多种起源,即多源论,最广为流传的说法仍是高加索人或白种人是最高级的人种,而非洲人或黑人是最低级的。《圣经》认为,非洲人的祖先是背负了诅咒的罕(Ham),次于闪(Shem)和雅弗(Japhet)的后裔(译者注:《圣经》中诺亚的三个儿子,分别为罕、闪和雅弗。亚洲人可认作闪的后裔,而欧洲人可认作雅弗的后裔)。即使开明的文人对非洲人的看法仍无法摆脱"高尚的野蛮人"一说,而反对奴隶制度的人道主义者甚至仍陷于当时盛行的种族分类的圈套中。从1859年开始达尔文在《物种起源》中所表达的物竞天择思想仍无法将欧洲人从对非洲的种族决定论中解放出来,不仅把种族与语言等同起来,而且美洲印第安人与欧洲断绝接触也被认为是该民族劣等的证据。再者在新世界的非洲人的存活被欧洲人当作是"天敌",尤其是在西非的欧洲人高死亡率的背景下,也正因此西非被认为是"白人坟墓"。[31]在种族主义盛行的环境中,欧非更频繁的来往不仅没有消除错误的观点,反而变得更加复杂,在种族歧视为基础的既有偏见上使之更加合理化。

因此,到了1930年,塞利格曼(Seligman)首次发表了《非洲的种族》,将对非洲历史带有种族歧视的偏见推向高潮。[32]根据语言和一系列各种形式的特征,塞利格曼将非洲人划分为两个白人种族……含米特族和闪米特族,和三个黑人种族……分别是尼格罗族、科伊桑族(布须曼族和霍屯督族)和尼格利罗族。在这个种族框架中,据《圣经》所述的受到诅咒的罕的后裔含米特族,后来成为了"欧洲人",属于"白人种族的共同的分支",并被授予了开化非洲文明的使命:

> 若不把相对较迟而来的闪米特影响计算在内……非洲的文明化也是含米特人的文明,其历史是对这些人民以及他们与尼格罗和布须曼这两大其他非洲种族间交往的记录。[33]

欧洲认为，非洲文明从方方面面都是起源于外部且对非洲历史打造得愈发复杂精巧的偏见中，尤其白人的含米特神话/假说仍然十分流行，直到20世纪60年代才被来自不同国家的许多学者的论著取而代之。

我们可能注意到黑格尔（Hegel，1830）、牛顿（A.P. Newton，1923）和休·特雷弗—罗珀（Hugh Trevor-Roper, 1963）所支持的欧洲中心史学思想形成的微妙过程，把文字主义、与西方的接触、文明当作进入历史范畴的资格。㉞

黑格尔在概括他所在的时代的非洲主要思想时，仅参考了传教士和旅居者的叙述，在他的世界历史的介绍里，用不到9页的篇幅就对非洲草草地敷衍了事；与此同时，他却给了亚洲史和欧洲史相当大的篇幅。于黑格尔而言，“真正的非洲”仅指撒哈拉沙漠以南非洲，而北非则属于欧洲的一部分，尼罗河河谷属于亚洲的范畴。“真正的非洲”，也指尼格罗族所在之地，具有一系列如下所述笼统概括的特点：

> 是未开垦的处女地，还不具有自我意识的历史，仍处于一片黑暗的混沌之中。它与世隔绝的特点，不仅与其热带气候有关，主要由其地理条件所造成。
>
> ……尼格罗人没有自我控制的需求。这种环境不支持他们取得发展或创造文化。正如我们今天所看到的，从古至今，他们并没有发生过什么变化。
>
> 关于非洲，我们就此打住，因为非洲不属于世界历史的一部分，没有变动也没有发展。即使曾在历史上有过变动，那也是在北部地区，实际上属于亚洲和欧洲世界的范畴……我们应真正认识到非洲是没有历史且没有开发的灵魂，它尚未摆脱原始本性，这里所陈述的非洲还只是处于世界史的入口。㉟

牛顿和特雷弗·罗珀所代表的是20世纪史学研究改良成果，以欧洲19世纪的历史本质、史料与研究方法为基础。因此，牛顿认为，“在欧洲人进入非洲之前，非洲不存在历史——因为历史的产生是伴随着人类对书写技能的掌握”。因为非洲没有文字，因此，与欧洲发生联系之前的非洲，甚至不足以进入史学家的研究领域，而仅限于考古学家、语言学家和人类学家的工作范畴。㊱休·特雷弗·罗珀同样地把非洲历史看作是“欧洲人在非洲的历史”，除此之外的部分对史学家来说是“一片混沌”，尽管那些部分可能“对社会学家和人类学家来说尚存有趣之处”。史学家只对“有明确目的的运动”感兴趣，而这种运动并未在非洲出现；若研究世界史上的大发展的话，这种变动在过去五百年中的欧洲不难发现。由此，完全以欧洲为中心的史学就宣称非洲史仅仅只是"一群野蛮部落毫无意义的打闹,是不相关的全球边角"。[37]

然而,西方史学家们对于非洲并未保持一致的消极态度、欧洲中心主义或带有种族歧视。一些旅居者和访客也曾试图通过个人观察来客地观呈现非洲。[38]詹姆斯·布鲁斯(James Bruce)去了尼罗河流域,鲍迪奇(Bowdich)和杜普伊斯(Dupuis)去了阿散蒂(Asante),海因里希·巴斯(Herinrich Barth)去了北非和中非,古斯塔夫·纳赫提格(Gustav Nachtigal)去了撒哈拉大沙漠和苏丹,这些都是相对客观的学者典型。这时,德国人种学家里奥·弗洛贝纽斯(Leo Frobenius,1873—1938)对非洲因没有文献或书面资料而不具备历史这一论点提出了异见。他的非专业的鼓舞人心的研究给非洲文化民族主义运动"黑人性"(Negritude)的奠基人之一桑戈尔(Senghor)留下了深刻印象。由于移情作用,他的作品具有非洲文化内涵而获得成功。[39]然而,这种欧洲人对非洲口述传统和历史的欣赏的形式却似乎反倒进一步证实了欧洲中心主义者们的质疑,即非洲史并不该纳入专业史学家的工作范畴。直到20世纪60年代,简·范西纳发表了开创性著作《口述传统——史学方法论研究》,此后,专业史学家们才有效地推动非洲史进入世界史学的研究领域,并将语言学家、考古学家和人类学家们的研究成果和观点运用到自己的研究过程中。[40]

临近20世纪末时,尽管许多专业非洲史学家们对非洲口述传统的某些方面仍抱有悲观主义,但是非洲史构建中欧洲的种族中心主义和种族歧视的影响已经逐渐趋于减弱。然而,西方学校的教科书、广播、电视和主流媒体在涉及非洲形象及其过往的时候,仍落后于科研领域的学术成果数十载。[41]直到1960年《非洲历史杂志》在英国创刊、8卷本的《剑桥非洲史》也于1974年得到出版,同时许多非洲史研究机构在欧洲、苏联、美国、加拿大、澳大利亚和新西兰相继成立,非洲史才作为一门学科被逐渐正式接受。自20世纪60年代新的非洲独立国家成立,非洲史研究取得了迅猛发展,但在近几十年随着许多国家的衰弱呈现出了缓势之态。尽管如此,由联合国教科文组织所出的8卷本的《非洲通史》把非洲史当做世界史的一部分,承认他在国际性中的地位。

从事非洲研究的新派西方史学家们甚至包括前非洲殖民政府官员[如哈里·约翰斯顿爵士(Sir Harry Johnston)、莫里斯·德拉福斯(Maurice Delafosse)、理查·帕尔默爵士(Sir Richard Palmer)、伊夫·于尔瓦(Yves Urvoy)],也许这些人本身就花了很长一段时间才使自己摆脱殖民时期的种族偏见。其中,一部分人及其他在殖民地从事科研工作的人加入大城市里大学的学术部门[如雷蒙·莫尼（Raymond Mauny）、伊夫·皮尔森（Yves Person）、托马斯·霍奇金（Thomas Hodgkin）、罗兰·奥利弗（Roland Oliver）、约翰·费奇（John Fage）］，还有一些人从原来的帝国史或英联邦史的研究转向非洲人民和问题的历史研究［如菲利浦·柯廷（Philip Curtin）］。基于这些情况，这些研究者成为了在西方求学的新一代非洲史学家们的老师，这就使西方传统源源不断地流入了非洲。天赋异禀的非专业史学家［弗洛贝纽斯（Frobenius）］的传统在巴兹尔·戴维逊（Basil Davidson）身上继续开花结果，他的著作《古老非洲的再发现》（1959）一经发表就在非洲立刻广受好评。通过苏联卫星以及西欧世界的社会主义人士的宣扬，马克思主义历史唯物论开始传播，最初的出现形式是对殖民体系和资本主义剥削的抨击，后来代表与西方主导的传统相迥异的另一可选择的范式，尽管它仍起源于西方。通过数十载的跨洋会议、研究访问或在西方大学的短期或终身学术任职等多种交流形式，如今的非洲史学家们已具备了辨别不同史学传统并进行有意识的选择的能力。

第四节　西方传统在非洲的实践

　　长期的历史视角为公平判断打下了基础。西方史学传统和非洲口述史传统相互碰撞兜了一个完整的圈又回到原地。希罗多德和其他希腊史学家在前5世纪所遇到的古埃及牧师们没有了解异域传统的需求。他们享受荣耀，实际上也确实掌握了完美的保存过去知识的方法，并对当代人起到指导和启迪的作用。因此一些西方学者踏入非洲，望能学有所悟。到了曼涅托所在的前3世纪时，对古埃及牧师来说，接纳西方的正式书面记史法已成为必须，并不一定是为了遵守西方的惯例，而是为了在那样一个处于不断变化中的殖民世界里，更好地向西方与当地读者展示古埃及文明。

　　到了公元后，在20世纪的最后10年中，非洲史学家完全被西方传统支配。西方学者源源不断地访问非洲，不是为了向非洲学习，而是为了把自己的传统教给非洲。与此同时，随着一些非洲史学家洪水般地移民西方，成为全球性的第三世界人才外流的一部分。就史学史而言，非洲和西方在过去几个世纪中的碰撞包含以下几个阶段：第一，前殖民时期和殖民早期。在这一阶段曾出现过少数试图借鉴西方技能对非洲口述传统进行记录的非洲知识分子。第二，殖民时期。当时许多非洲民族主义者曾对西方带有种族主义和欧洲中心主义的非洲史误读进行过抨击。第三，后殖民时期。在这一阶段，出现了许多以加快非洲史去殖民化进程为目的的史学专业学术文章，一些学者最近也开始提出要寻求一种新方案以摆脱占支配地位的西方范式。④

为能掌握西方技能并用于非洲之途，非洲人创造了新的字母并改编西方的文字，用非洲的语言来记录非洲社会的历史，当然他们也使用西方的语言和文字。欧洲的传教士们和殖民当局对此大为支持。在这场史学革命中，其中最为著名的代表包括：布干达王国的阿波罗·卡格瓦爵士（Sir Apolo Kagwa, 1865—1927）、东非乌干达境内布尼奥罗－基塔拉（Bunyoro-Kitara）的涅卡图拉（Nyakatura, 1895—1979）、贝宁王国的雅各布·艾哈雷巴（Jacob Egharevba）、约鲁巴的塞缪尔·约翰逊牧师（Rev Samuel Johnson, 1846—1901）、尼日利亚迪夫的阿基加·萨伊（Akiga Sai, 1898—1959）、加纳的卡尔·莱恩朵夫牧师（Rev Carl Reindorf, 1834—1937）、南非的普拉提（Plaatje, 1877—1932）。④他们都受到了类似决心的激励，用阿基加·萨伊的话来说，即想要确保他们的同胞"了解当下、了解往昔"。这些史学家将非洲的王朝政治史和当地风俗文化相结合，在非洲口述传统和西方传统间扮演着桥梁作用。他们所采取的方式并不引起史学冲突，而仅仅是在用新方式保存旧知识。

对往昔时光的记忆使史学最终演变为冲突和包容，也大量吸收了海外非洲人的贡献。柯廷举出了最为典型的几个人物作为第一类别，如海岸角（Cape Coast）的菲利普·夸奎（Philip Quaque, 1741—1816）成为第一位受到英国国教任命的非裔牧师；艾格巴（Egba）的约翰·莱特（John Wright）在1848年"成为了第一位非裔卫理公会神职人员"；塞缪尔·阿贾伊·克罗塞（Samuel Ajayi Crowther, 1806—1891），"第一位非裔圣公会主教"。④

在竞争激烈的史学领域中，第二类由西印度群岛、北美和非洲的来自大都市的史学家们所组成：其中，有马库斯·贾维（Marcus Garvey）所领导的"重返非洲"运动的追随者们，也有非洲研究者思想家们［如威廉·杜波伊斯（W.E.B. Dubois）、乔治·帕德摩（George Padmore）、夸梅·恩克鲁玛（Kwame Nkrumah）］。一些在欧洲或北美的非洲学生集合起来，不仅创办了协会，还出席了一些正式会议。1919年，来自黄金海岸英属殖民地政府的凯斯利·海福德（J. E. Casely-Hayford）创建了英属西非国民大会；而泛非主义运动的文化组成部分则由在法国的讲法语的学者构建，其中包括塞内加尔的桑戈尔（Senghor）、圭亚纳的里昂·达玛（Leon Damas）和马提尼克的艾梅·塞泽尔（Aime Cesaire）。1947年，阿里翁·迪奥普（Alioune Diop）在巴黎利用期刊《现代非洲》，使该项运动制度化。④

民族主义早期的史学在性质上有着很大的争议，甚至出现过凡西方否认的他们都支持的情况。写作者并不一定是属于历史学家范畴的政治活动家们。他们用"鼓号式"(drum and trumpet)历史来描绘诸如加纳、马里、桑海、津巴布韦等非洲王国和帝国,以此试图抵制殖民宣传。⑭比如,他们对黑非洲没有文明史的回应,是宣称古埃及属于黑非洲,或认为黑非洲民族是古埃及人的后裔或与之相关。尼日利亚的雷夫·卢卡斯(Rev Lucas)等人在这方面的所有早期成果,在谢克·安塔·迪奥普(Cheikh Anta Diop,于1986年逝世)这位丰富多产的塞内加尔作家的映照下黯然失色。⑭

到了20世纪60年代涌现了一批以大学历史系为基础的专业的历史学家。这些历史系被西方史学家或接受西方大学教育的非洲人所掌控,创办了一些西方模式的国家史学家协会和专业期刊。这些历史学家不仅积极响应恩克鲁瓦提出的"非洲个性"这一政治诉求,还参与了有创造力的作家和艺术家对桑戈尔"黑人性"的探讨争论,以及对尼日利亚的沃莱·索因卡(Wole Soyinka)和喀麦隆的蒙戈·贝蒂(Mongo Beti)对"黑人性"诋毁的辩论。尽管如此,这些都并未直接或间接地反映在他们的作品中。实际上,他们最关心的仍然是如何在非洲史的去殖民化进程中纠正西方对非洲史的偏见。要通过在非洲内部恢复非洲史以纠正这些偏见就必须投身于国家建设的政治活动。跨学科研究和口述传统被认为是还原历史原貌的非常适合的技术及资料来源。自20世纪70年代起,陆续涌现了一些受到马克思主义影响的其他激进模式,它们强调经济史并提供了更为广阔的视角,同时,包括统治阶层和被统治阶层、贫困阶层和特权阶层。到了80年代,对早期的惯例进行重新评估和批判性的评论成为必须。然而,到了90年代,许多非洲国家的政治和经济体系出现崩溃,非洲史的复原也走向幻灭。

历史学科在公办学校的发展情况也参差不齐,有受英国影响的,如前英属殖民地和南非;有受法国影响的,如法属殖民地,还有些受到其他欧洲国家或北美的影响。坦桑尼亚的达累斯萨拉姆学派可谓是在非洲史学复兴方面最具影响力和最为尖锐的学派,它的一些成员提出了大量的史学实践途径,最后都经由专业的史学家进行实际行动。泰穆和苏瓦伊(Temu and Swai)在1981年就已注意到了两种对立的史学学派理念:

(1)一种是"民族主义学派",由"虚无主义者和帝国主义史学家"组成,主张"唯心主义问题论";
(2)另一种是"新派",遭到主流学派的批判,被认为具有马克思主义色彩,是"激进的悲观主义者"。⑭

一位旅居海外的达累斯萨拉姆学派史学家是如此定义史学发展的三个阶段的：

(1) 资产阶级的史学，在研究方法上带有唯心主义色彩，在政治观上具有殖民主义色彩；

(2) "资产阶级民族主义"史学，在风格上略具资产主义色彩，但在方法和观点上开始出现转变；

(3) 一个向马克思主义史学过渡发展的时期，在阶级性质上呈现出无产趋势，在方法上具有唯物主义风格，政治观显示出社会主义性质。[49]

纵观尼日利亚、塞内加尔、扎伊尔［今刚果（金）］、南非和东非的学术界里专业史学的发展，可以进一步了解西方传统的成熟度以及对非洲传统的影响程度。

一、尼日利亚

自1948年起，在尼日利亚的伊巴丹和加纳的吕贡，许多大学相继成立了历史系，加快了西方史学在英属西非的发展步伐。尼日利亚的戴克（K.C. Dike）和比奥巴库（S.O. Biobaku）、加纳的阿杜·博亨（Adu Boahen）及其他学者创建了一系列课程向学生教授非洲史，同时，也建立专业的国家协会和期刊提供史学研究基地。《尼日利亚历史学会杂志》于1956年迎来了第1期；10年后，另1本面向学校师生的期刊《历史》也得到了正式发行。到了1980年，正值成立25周年纪念的尼日利亚历史协会最雄心壮志的项目，体现集体智慧的结晶《尼日利亚历史根基》发行了。[50]

戴克的《1830—1885年的尼日尔三角洲贸易与政治》(1956)和比奥巴库的《1842—1872年的艾格巴人和他们的邻居》(1957)为伊巴丹学派提供了模式。[51] 戴克和比奥巴库都在不同的学科里积极组织学术团队分别研究贝宁王国和约鲁巴民族的历史，并优先考虑口述及非书面资料的使用。

戴克（1917—1983）为尼日利亚历史学科的史学理论、实践及机构建设方面作出了极大贡献。[52]戴克史学理论方面的成果只有相对较少的文章，但一贯是以强有力和权威的方式出现，而且他频频出席于重大国际论坛。[53]戴克最初的也是最基本的纲领申明为非洲历史研究日程打下基础，而当时他只是一名伦敦大学国王学院的研究生，是作为对达姆·玛杰丽·佩勒姆（Dame Margery Perham）反复强调"非洲没有书面语言，因而也不存在历史"[54]的论调的回应。戴克强调，其一,认为热带非洲人民没有能力的证据,如未能发明出车轮,实际上是因为它对当时环境不重要,而且他认为仅依据某些文化因素来定义整个文化的特点是以偏概全的,是对文化人类学方法的一种误用;其二,他提出西方对非洲因为没有书面语言因而也无历史的指控是站不住脚的,因为非洲不仅有大量的阿拉伯和欧洲的历史资料,还有相当可观的可靠的口述资料与人种学记录。戴克坚信,历史对独立斗争和民族自治极为关键:"对年轻的新兴国家来说,没有比历史研究更重要的了。"科学的史学研究对消除非洲无能的质疑至关重要,并能帮助非洲领导人和群众认清自己、树立自信。戴克之后的论述更进一步体现了他对尤其是在尼日利亚东部的阿罗地区的口述史的重视及对其变化本质的理解。

在戴克的博士论文修改的基础上,撰写的《1830—1885年的尼日尔三角洲贸易与政治》(1956)实际上是他思想的浓缩。这篇文章一经发表就在国际上引起了轰动,被认作是非洲史学新纪元的序曲。他绝妙地综合了欧洲文献和非洲本土传统,呈现出当时非洲与西方频繁互动的时代里当地统治者和人民在自己历史中充当了同样的,实际上,领先的主角。然而,他很快就忙于行政职务,而他与别人共同合作的关于阿罗(Aro)的研究成果直到他去世后的1990年才发表问世。⑤⑤他对尼日利亚史学的贡献还包括他倡议并创建的机构:尼日利亚历史协会、尼日利亚国家档案馆、伊巴丹非洲研究所等。

作为尼日利亚史学领域的另一位开拓者,比奥巴库在行政事务方面较学术领域花费的时间精力更多,他主要的成就在于"他对使用口述传统的积极倡导、他对历史问题所采取的跨学科研究方法、他备受争议的约鲁巴的埃及起源理论"。⑤⑥但和戴克一样,比奥巴库的研究成果体现在他的"约鲁巴研究计划"所带给后辈学者们的启发和研究机会,这些年轻学者超越他的思想,并实现了他的一些理想。

随着尼日利亚大学体系的发展,由戴克和比奥巴库开创、阿贾伊发扬光大的伊巴丹学派也在尼日利亚扩展。尼日利亚每所新大学的历史系都争先恐后地想建立自己的特色,其中,最成功的当属位于扎利亚(Zaria)大学的历史系。凭借着在阿布杜拉·史密斯(Abdullahi Smith)带领下进行的伊斯兰历史研究,以及尤瑟夫·巴拉·乌斯曼(Yusuf Bala Usman)和他同事的激进主义从达累斯萨拉姆学派吸引了一些激进分子,包括泰穆和苏瓦依,扎利亚大学的历史系脱颖而出。然而,对激进学术论点的倡议终究未促使尼日利亚激进史学结出硕果。

在领军人物阿贾伊带领下的伊巴丹学派创造了一种自治、发展和解决民族问题的史学……它完全被西方史学体系所接受。⑤⑦尼日利亚国立学校是西方传统

在非洲最成熟的实践之一，但尚未达到批判性自评以及自我纠正以促进持续向前
发展。

二、塞内加尔

独立时期，塞内加尔总统桑戈尔及大部门知识分子领导层都投身于非洲文化
民族主义运动"黑人性"当中。历史仍然是格里奥和当地通俗历史学家们的虚拟
保存。

达喀尔大学的专业史学则完全处于法国学者、前殖民政府官员和巴黎学术机
构的掌握之中。直到1966年才出现了第一位非洲史学家西索科（S.M. Cissoko）
加入到达喀尔大学历史系，并且直到1980年塞内加尔史学家协会才得以成立。与
此同时，归功于达喀尔基础条件的大发展，如《黑非洲基础研究所公报》，拥有国
际化的客户群的萨米尔·阿明（Samir Amin）的非洲发展和规划研究所，再加上
一所上乘的档案机构，西方史学实践也同步取得了突飞猛进的跨越。正因如此，
达喀尔历史学派不久就脱颖而出，并在非洲史学家协会及其在喀麦隆的雅温德
（Yaounde）出版的期刊《非洲扎马尼》中扮演了重要的角色。

非洲史很早就有针对去殖民化的努力，将其重点放在殖民时期的政治和宗教
领域，尤其是塞内加尔河流域的沃洛夫（Wolof）地区对殖民主义的反抗，而殖民
主义是对前殖民时期社会的"和谐"和"平衡"。此外，塞内加尔的史学家将辩证
观和历史唯物主义方法论列为第二个研究视角，试图向世人展示"（自己是）一块
富有人文的普通区域，与其他区域一样遭到了剥削"的这样一部历史。[58]在另一个
层面上，两种史学形式被确立，一种是针对法国"教化使命"的"圣徒传记的殖民
传统"；另一种是诞生于口述传统和民族主义抗争的"民族主义史学传统"。[59]

塞内加尔的史学家们遵循着法属西非史学家们的传统（如布基纳法索/上沃
尔特的约瑟夫·基–泽博（Joseph Ki-Zerbo））积极参与党派政治。因此，阿布杜
拉耶·利（Abdoulaye Ly）和柴科·安塔·迪奥普（Cheikh Anta Diop）这两位塞
内加尔的历史哲学博士当选为反对党领导人也就在情理之中。这一职位只有最
近的英属西非加纳的博亨（A.A. Boahen）才能与之媲美。柴科·安塔·迪奥普
直到1982年才加入达喀尔大学历史系，而在1986年2月7日就离世了。早在巴黎
求学时，迪奥普就拥护埃及人具有黑人起源，因此，也是希腊和西方文明的起源的
说法，他也在自己的研究、作品和公共演讲以及在非洲、加勒比海、美洲和欧洲的
研讨会上为此观点辩护。据期刊《非洲存在》的观点，迪奥普因此成为了西方人
眼中的"异教徒""过街老鼠"和"多疑偏执的黑人"，而在非洲人的眼里，他是为

"黑人身份""站岗放哨的捍卫者"。⑥⓪

到了20世纪90年代，由于不断有学者向欧美移民，塞内加尔扩大了史学家的人数，对国家的历史和社会的各个方面开展研究。

三、扎伊尔

1965年，位于金沙萨的鲁汶大学创建了历史系，西方的历史学术研究也由此拉开了帷幕。1970年，"所有的大学历史教学和研究都集中在了卢本巴希，因此，促就了卢本巴希学派的飞速发展。它的毕业生和总体定位主导着（实际上垄断着）国家的历史思想和研究"。⑥①鲁汶大学历史系的发展还得到许多补充，其中，不仅有在奥邦加（T. Obenga）"古埃及的纽带和关系"的研究方向的影响下建立的中非文献研究中心（CERDAC），还有于1974年被纳入"出于真实性策略需求的民族主义重新评估"一部分的扎伊尔史学家协会。由此到了1976年，该历史系"几乎彻底被扎伊尔化"。⑥②

扎伊尔史学家的写作受到了当地政治风潮和国家建设的普遍需要的影响。他们出版了一系列期刊，既有面向国际专业读者，也有面向国内读者；同时，他们也志在创建一个档案管理网络。非洲民族获得独立后，自新国家创立伊始直至进入运转都陷入了一系列的危机，这些危机一起最后促使了"即时史"这一史学形式的产生，被定义为"是一种包含历史学、社会学和人类学的认识方式"⑥③。这种方式被用来在危机时刻中表达对被剥削阶层、被异化阶层、受压迫阶层和被边缘化阶层的关注；被关注变化的史学家所使用；并通过口述记载助推了"整体史"的产生。

与其他非洲史学派一样，卢本巴希学派受到了一些西方前辈的影响，最著名的有尤西维奇（Jewsiewicki）和瓦鲁（Vellut），从他们那里学到了来自"年鉴学派、盎格鲁－撒克逊和新马克思主义方法"的一种"处于激进和自由范式之间的中间"方式。⑥④相比口述资源，整个研究重心集中在扎伊尔殖民史的原因之一是因为这方面有储量更丰富的书面记载。然而，近来研究愈发多样化，进入到了前殖民时期、文化、社会、人类统计学、政治等其他领域，这标志着卢本巴希是一个有活力和前景的学派。

四、南部非洲

这里我们所提到的"南部非洲"包括南非共和国、纳米比亚、博茨瓦纳、莱索托、斯威士兰、安哥拉、莫桑比克、津巴布韦和赞比亚，以它们共同的历史经历为基础:"早期班图人的迁徙和定居、19世纪的姆法肯(Mfecane)战争……矿产革命及其余波、欧洲帝国主义和非洲对殖民主义的反应(包括非洲人为终结白人统治所作出的一系列努力)。"⑥1977年,联合国教科文组织在博茨瓦纳的哈博罗内举办了一场专家会议,发布了《南部非洲的史学》作为当时尚未出版的《非洲通史》丛书的一部分,为研究这一区域的非洲史学提供了更为方便的基本信息。

当地史并非博茨瓦纳大学和斯威士兰大学历史系的强项。在博茨瓦纳的哈博罗内和斯威士兰的克瓦卢塞尼(Kwaluseni),正在准备一些针对当地口述传统的研究计划;占教员极少数的非洲学者们则准备进行博士论文答辩。大学副校长菲尼亚斯·马库拉腾博士(Phinias Makhuratne),尽管他不是历史学家,认为博茨瓦纳和斯威士兰在1977年之前的历史是以"外国或白人的视角"写下的。他对官方简报的当代研究表示肯定,"马特塞布拉(J.S. Matsebula)的非专业工作成果《斯威士兰史》仍然是唯一适合斯威士兰所有层次的教材"⑥。

位于罗马(Roma)的莱索托国立大学历史系有一位侨居的掌舵人,同时,有3位出色的非洲史学家负责着期刊《南部非洲史学研究杂志》的编撰。⑥相比之下,尽管位于马拉维松巴的法官学院(Chancellor College)也同样由一位侨居者统领全局,但它却"继承了有且只有非洲史学家的历史系",工作计划包括编写马拉维的历史教科书及进行其他学术研究。⑧位于卢萨卡的赞比亚大学历史系也是移民者统领,但他们则选择与非洲研究系和非洲研究所联合启动了一项活力十足的调研项目。⑨然而,纳米比亚、津巴布韦、安哥拉和莫桑比克没有提交任何报告;他们的历史学显然也是处于受外部支配的同样的情况。⑩

南非共和国的史学研究则包含多个史学分支:非洲人、南非白人民族主义或布尔人(荷裔南非人)、讲英语的人或英国人、亚洲人及有色人种。⑪此外,查奈瓦(Chanaiwa)对传统进行了以下划分:帝国主义、传教士、殖民主义和自由修正主义,根据他的划分非洲史学开始艰难兴起。⑫

其中,帝国主义传统将南非史当作大英帝国史的一部分,对南非的重视主要源于其处于好望角航线上通向印度的战略位置。南非白人民族主义史学认为,尽管帝国主义史学家认可黑人,但他们充其量也只是将非洲人看作了"诸多的环境因素之一",并美化了自己所谓的"教化使命"和"帝国托管者"身份。传教士的史学家是"记录并研究非洲的历史、文化和语言"的首批白人,同时,他们也为诸多传统提供了数据资料。但传教士的史学传统资料常常受到多方局限,如为了宣传的轰动效果、刚愎自用、缺乏严谨,受到"罕的诅咒"的影响把非洲人民称为"异教徒"等贬义用语。殖民主义传统反映了殖民移民者因素以及少数人如何试图维持统治多数人的历史。殖民主义历史则囊括了英语国家的历史和南非白人的历史，由此在处理态度上与大英帝国有所差异，但在许多方面达成了一致。殖民主义历史是一部白人在南非的历史，它以种族斗争为中心，否认非洲人的"历史、文化传承和人文"。

自19世纪末到近代，白人殖民主义历史也发生了些许变化，逐渐演变为自由修正主义。这一传统采取普救论的态度，但仍延续着早期传统的一些方面。它仍带有欧洲中心性，并借助欧洲的社科理论来诠释在欧洲"教化过程"中的"本土"非洲史。

查奈瓦概括了非洲传统在1800年至1950年及1950年至1977年这两个时间段里所发生的变化。非洲传统在1800年至1950年间从白人传教士传统中汲取灵感，这些作家学者早期都求学于基督教会学校，因此，疏离了非洲文化。其中，多数人后来成为了基督教的神职人员，崇拜白人的政权、财富和技术，把殖民主义当做生活的一部分，并希望能通过"基督教、教育和技校"来改变族人。这个时期的非洲作家包括腾戈·杰贾巴夫（Tengo Jabavu, 1859—1921）、首位英国任命的非洲联合长老会牧师提约·索加（Tiyo Soga, 1829—1871）、公理会牧师及首位开普省的非洲议会议员韦特·鲁布萨纳（Waiter B. Rubusana, 1858—1916）。他们不仅将英语宗教文学翻译成非洲语言，而且出版了《非洲历史、习俗与谚语》等相关读物。一些该时期的音乐创作成为了经典，如伊诺克桑·通加（Enoch Sontoga）的《上帝保佑非洲》。尽管他们并未深度记载非洲历史，但这些早期作品折射出了19世纪南部非洲的社会史和思想文化史。

到了第二阶段，面对着在殖民主义笼罩下的历史，非洲的知识分子们参与研究并亲历观察在殖民语境下的"黑人问题"。这种史学被认为是带有种族意识且具有"近距离现场观感"，其研究成果包括索罗门·柴科索·普拉提（Solomon Tshekiso Plaatje）的《欧洲战争和布尔人反叛前后的南非本地生活》（1916）、戴维逊·唐·腾戈·杰巴夫（Davidson Don Tengo Jabavu）的《黑人问题》（1920）、《本土议案之批判》（1935）及《南非的本土障碍》（1935）。还有一些其他作品记载了非洲的传统和习俗，自传以及非洲英雄的传记，如约翰·亨德森·索加（John Henderson Soga）的《东南部的班图人（1930）：阿玛–科萨族的生活与习俗：巴苏陀人的习俗和谚语》（1930）、托马斯·莫科普·莫福洛（Thomas Mokopu Mofolo）的《东方旅行者》和《恰卡》。

"只有本地人才能了解本地人"的口号深深地激励着这些非洲作家，他们忘我地工作以求为后世的非洲学者提供信息资料。"二战"前，他们主要关心的是

"殖民法的起源、本质和所带来的影响";"二战"后,他们开始关注"民族主义、历史意识和解放的意识形态"。

查奈瓦把从事当代南非历史研究的非洲史学家的特点描述为资金短缺、白人的自由修正主义专制、学者间以及不同传统立场间缺乏沟通而陷入困境。最近的南非史学经分析研究确认"对非洲贡献的长期漠视"一说,并承认南非史学缺少"黑人声音"。㉓在曼德拉的新时代,为了维持政权的和谐稳定,史学革命相应地得到了推动。

五、东非

内罗毕大学为1966年成立的肯尼亚历史协会提供了基础,并推动协会于1967年举办的首届年度会议,会上形成的论文集于1968年发表。㉔后来,贝思韦尔·艾伦·奥戈特教授(Bethwell Alan Ogot)创立了内罗毕学派。他对卢奥历史的重建研究几乎仅以口述资料为参考信息来源,在他的工作地"帝国主义的心脏……伦敦被称作划时代的壮举"。㉕奥戈特成为肯尼亚及东非地区史学写作和出版发展的开拓者和催生者,包括于1968年出版的《扎马尼:东非史学调查》。奥戈特最终担任了国际科学委员会的主席一职,主编了《非洲通史》。

1967年,在肯尼亚历史协会的年度会议上,奥戈特在首次主席演说中对自己的非洲史哲学思想作了一番概述。其一,他认为非洲史是"人类研究不可或缺的一部分",不应在任何世界史里被忽视或敷衍对待。其二,他批评一些学者试图根据既定的发展阶段来构建马克思主义非洲史学,认为这是"将国外的、仿造的生活节奏强加于非洲历史之上"。他认为,能有针对当前问题的激进号召当然很好,但非洲通过对古代王国及帝国的关注所"获得的意义",是超越了单纯的物质所能估量的。其三,将非洲史的研究重心放在中央集权国家上是错误的,这样所产生的仅仅是"片面的"古代非洲史学。因此,真正合理的非洲史研究途径,应具备如下两个分析步骤:

(1)"在非洲大陆上不同的历史实体是如何演变的";
(2)将"生态学因素的影响"考虑在内的"可界定的增长阶段是什么"。㉖

坦桑尼亚的达累斯萨拉姆大学的历史系成立于1964年,与内罗毕学派不同的是,该历史系并未有只受一个人掌控的情况。学派在该历史系的创建者特伦斯·兰杰(Terence Ranger)的带领走出了殖民史学,但随后的民族主义史学的本土领导层却取决于伊萨利亚·基曼博(Isaria Kimambo),他的《坦桑尼亚史》(与阿诺德·泰穆共同编辑,并于1969年出版)被世人视作是民族主义传统的"最高成就"。[⑦]通过向坦桑尼亚的帕雷(Pare)族收集口述资料,基曼博将研究重心放在重建坦桑尼亚不同种族的前殖民史上,并倡导"在地区或区域层面"要从政治史转向重视经济史,同时要进行"当地的农业调研"。[⑧]

达累斯萨拉姆学派的第二发展阶段被称为"小资产阶级"的过渡期,它的特征是对上一阶段民族主义史学的"资产阶级性"的激进批判。第二阶段的标志是沃尔特·罗德尼(Walter Rodney)的开创性著作《欧洲怎样使非洲不发达》(1972)。而泰穆及苏瓦伊把对民族主义史学的进一步批判《史学家与泛非主义史》(1981)献给罗德尼。[⑨]在国家层面,新的史学观与1967年的《阿鲁沙宣言》产生的观点有一定的关系,这也推动了"乌贾马"(Ujamaa)的产生,即非洲社会主义、经济国家主义和自力更生。在全球层面,新史学的产生既受到了弗朗兹·法农(Frantz Fanon)的影响,也与当时拉美的"不发达的发展"理论有关。罗德尼的视角使人们从关注反殖民斗争时期的非洲民族主义和"本土斗争的决定性作用"转移到关注自身"实际上的落后"以及"大都会资本对非洲的持续剥削"(用罗德尼的话来说,即"国际资本主义体系")。[⑧⑩]因此,罗德尼即刻就对非洲史学的知识创造作出了贡献。相比之下,泰穆和苏瓦伊则对之前的民族主义史学做出详细批判,认为他们将历史理想化,"看待问题想当然而没看到问题本质"。[⑧①]

伯恩斯坦(Bernstein,社会学家)和德普尔沁(Depelchin,史学家)倡导的"极端唯物主义"史学观在达累斯萨拉姆学派内部遭到了万巴(Wamba)的反对,在外则受到了劳(Law)的谴责,认为它代表着阿图塞(Althusser)唯心论的残余而非纯粹的马克思历史唯物主义思想。[⑧②]

之后,达累斯萨拉姆学派继续成为思想和辩论的温床,它涉及的领域已从东非延伸至了非洲的其他地区,甚至后来又回到了一些激进思想的起源地,即泛非主义史学家们口中的西方社会。

第五节　泛非主义史学

最近,泛非主义史学家们被从单纯的非洲史学家中区分了出来,并被认为是来自除非洲外的其他大陆,且以西方为主要来源地的从事非洲研究的史学家。而"泛非主义史学"的早期定义指非洲人和非非洲人实践的一种特定的史学分类。[⑧③]

根据另一种观点,泛非主义史学与殖民学派和激进学派区分出来而得以创立。殖民学派是"名誉扫地的",而激进学派则被认为是拥护"法农式分析"的"消极主义者",因为它所引向的结论是"非洲只能处于无能的状态,除非世界格局因革命而被改变"。相比之下,非洲史学则强调"非洲能动性、非洲适应性、非洲的选择权和非洲的创造力"。为了对激进学派进行辩护,泰穆和苏瓦依(1981年)所批判的也正是这种"泛非主义"史学观。

到了20世纪90年代,我们不再把反对一派支持另外一派作为唯一的希望支撑。正如吸收多种学科一样,多样化方法论和学派能让非洲史从中获益。同样,非洲史学已经从诸多非洲"外部"和"内部"的史学家和学者们所作出的贡献中尝到了甜头,尽管也指责非洲学者"理论贫瘠",或指责西方学者"过度理论化"。综合考虑到西方史学传统对非洲史学所具有的一定贡献,无论是非洲内外的研究都应集中在一起加以审视。因此,泛非主义史学被认为是一种"共情",是史学家们试图创造非洲大陆及其与其他大陆间关系的史学知识的产物。

20世纪60年代,泛非主义史学家们在西方传统中通过举办国际会议、代表大会和专题研讨会来宣扬他们的思想。这些会议通常成功地把口述传统和跨学科研究放在日程的中心。人类学尽管仍然遭到一些非洲知识分子的怀疑——一些学者认为它在非洲学术研究中不仅带有殖民主义思想,还在一定程度上为种族主义思想为虎作伥,但作为此前仅有的非洲史的存在形式,人类学还是积极参与方法论指导及对口述传统的诠释。此外,考古学和语言学在非洲历史研究中扮演了拓展研究角度的重要角色。后来,新的科学技术为推究年表、考察移民迁徙史、交流史和古代非洲民族间的关系提供了巨大的前景。

但在这样可观的条件和机遇下,非洲大陆内部的学术界并没有产出可相匹配的学术成果。基-泽博和其他学者即使是努力推动非洲史学家协会发展,望其影响力能超越国家协会和学派之外,但他们的成果也仅仅是自1974年起在喀麦隆首都雅温德的期刊《非洲扎马尼》上发表了几篇文章,而该历史协会的影响也仅局限于原法属西非地区。

泛非主义史学最瞩目的成就必定是撰写由联合国教科文组织所资助的《非洲通史》。作为一个真正的国际性大型组织,其科学委员会的主席一职由非洲人担任,而《非洲通史》8卷本的八位编辑也分别都是非洲人:

第一卷 编史方法及非洲史前史[基-泽博(Joseph Ki-Zerbo),布基纳法索]
第二卷 非洲的古代文明[莫赫塔尔(O. Mokhtar),埃及]
第三卷 7世纪至11世纪的非洲[埃尔·法西(M. El Fasi),摩洛哥]

第四卷　12世纪至16世纪的非洲［尼昂（D.T. Niane），几内亚］

第五卷　16世纪至18世纪的非洲［奥戈特（B.A. Ogot），肯尼亚］

第六卷　1800—1879年的非洲［阿贾伊（J.F.A. Ajayi），尼日利亚］

第七卷　1880—1935年殖民统治下的非洲［博亨（A.A. Boahen），加纳］

第八卷　1935年以后的非洲［马兹鲁伊（A.A. Mazrui），乌干达］

联合国教科文组织的《非洲通史》与《剑桥非洲史》完全不相上下。相比之下最大的不同在于《非洲通史》更愿意站在非洲的立场、尽可能用非洲的声音向世界诠释非洲。

那么，在这场研究方法、视角、模式和认识论都显然时刻处于瞬息万变的变革中，受到创新、流行时尚驱动的"理论崇拜"究竟新在哪里？从马克思主义思想宝库中汲取养分的"激进批判"推动了政治经济学语境下的以下多种史学形式的诞生：

（1）以霍普金斯（A.G. Hopkins）为代表的市场经济方法；

（2）以萨米尔·阿明（Samir Amin）和伊曼努尔·沃勒斯坦（Immanuel Wallerstein）为代表的依附理论集团，其根据是对西非社会的研究，后来以达累斯萨拉姆为据点；

（3）主要由法国学者推动发展的生产分析模式。[84]

从这些不同视角的发展中，我们可以看到的是非洲人如何对学术研究作出贡献、如何接受各种观点、如何未能参与思想交流，以及如何因为缺乏机会、财政支援或基础条件支持而未能成功地将理论转化为实践。

《加拿大非洲研究杂志》的特刊专门对非洲史生产分析模式的效用进行评析，结果公认这一模式实际上在其投入实践的10年内就已不再如预计有效。[85]非洲投入了大量的精力深入了解马克思原先根据欧洲和亚洲而提出的这种生产模式在非洲的可行情况，或为探求适合非洲发展的新模式（如非洲的生产模式，以及族系生产模式），或不同生产模式的互相整合方式，尽管该创新方式在南部非洲历史实践中被实际应用。因此，我们再次得出结论，生产模式是以马克思主义为基础的有缺陷的阿图塞系统性中分离出来的"巨大的概念游戏"，而马克思主义"在历史和实际经验中更具灵活性"。[86]

对生产模式辩论过于简单化的叙述导致得出这样的结论：尽管西方的"理

论崇拜"确实促生了创新改革,但它也有自己局限性和弱势。显然,它需要依照非洲史学家所研究的复杂的非洲现实情况与时俱进,尤其要先回答尤西维奇(Jewsiewicki)和纽博利(Newbury)合著的书的标题中所提出的问题:《非洲史学:哪个非洲的什么历史?》。西方史学传统的研究者们对此一直提议要有新的"相关的"主体和途径,但不要总期望能引起读者共鸣。换言之,由于"哪些非洲人?"在过去很少被问及,因此,可能在西方传统所期望获得的成果与理想中该成果的非洲人受益群体之间存在有沟通落差。⑧⑦一些非洲对西方的评论甚至更进一步否定"多嘴饶舌的"马克思主义的价值,只要这套理论没有直接指向其"真正的受众群体……非洲人民","没有借鉴尚未得到充分开发的非洲本身的思想资源的价值储备",以及没有解决实践中的问题,就如法农(Fanon)和卡布莱尔(Cabral)的情况。⑧⑧

最后,泛非主义史学理论所倡导的多变性多大程度上反映了西方史学本身的变化? 说到底,西方非洲民族主义实践的努力多大程度上反映了西方历史哲学的变化? 当然,一些时间上的延迟是不可避免的;甚至站在一些史学家的角度来看,在接受一套新理论之前有所反抗也是人之常情。再比如,叙事主义历史哲学的相关性是否考虑到历史研究的不同方式这一点,泛非主义史学是否已经检验过?

◀ 第六章 结论：转型中的非洲史学 ▶

"即使鸟的脖子再长，它也看不到未来。"

——尼日利亚卡努里族（Kanuri）谚语

第一节 非洲诸传统

我们将非洲史学"分解"成了口述传统、大陆内部文献记载、伊斯兰传统和西方文献记载传统这4个组成部分。现在是时候对他们进行"重组"以合并成一个统一体。我们发现口述传统和大陆内部文献记载传统两者的联系实际上十分紧密，尤其在古埃及时代以及现在越来越多地出现两者几乎合为一体的情况。伊斯兰传统和西方文献记载传统也是一样，随着伊斯兰传统逐步融入非洲社会，在不同程度上被非洲口述传统吸收和接纳。因此，站在非洲的立场，我们一致认为，口述传统是史学实践操作的一种基本形式，其他的每种形式都应与其和谐共处。与此同时，我们也注意到了外来的文献记载传统具有诋毁口述传统的倾向，认为口述史是落后或原始的史学实践形式。西方传统公然地对口述传统提出批判，尽管西方传统自己的根也在口述传统之中。在列维·斯特劳斯（Levi-Strauss）及其他西方思想家的理论中，这种对口述传统的矛盾心理随处可见。①

首先，用列维·斯特劳斯的话来说，"处于未受驯服的状态"下的"野性思维"与"有教养或受驯服的思维"形成对比，在"分类体系"里被归类到"无效的图腾制度"，与历史是格格不入的。②然而，在一些例子中，如在一些波利尼西亚的神话故事中一样，野蛮社会甚至到了"历时性（diachrony）不可逆转地战胜了同时性（synchrony）"③的临界点，但这也并没有推动他们向历史社会发展。因此，尽管所有的社会都处于"历史与变革"中，但"原始社会"却"想要抗拒这一状态"，对过去采取一种"非时间性的模式"。④但列维·斯特劳斯却把原始社会中一些具体事物当成是档案或"纯粹历史性",把"图腾神话"提升到"纯粹历史"的地位。⑤

其次,列维·斯特劳斯将口头性或"'原始社会'中没有书写系统"的状态视作一种消极特征,而在这背后却藏有"一个积极的事实"。⑥事实上,他认为,与"现代社会"相比之下更具有消极的特征。因为在现代社会里,经验"更多是通过书面文献的一种间接重构的结果",而联结过去的已不再是"能与他人(说书人、神父、智者或长者)直接接触的口述传统,而是通过积聚在图书馆里的书本,而这需要读者极其努力在脑中构建作者想要传达的情景"。因此,列维·斯特劳斯认为,这场"由写作的诞生而带来的巨大革命"剥夺了人性中一些"基本的东西",使得沟通交流变得"有些'不真实'"。

德里达(Derrida)却质疑列维·斯特劳斯以及卢梭(Rousseau)提出的言语和口述传统比书面文献优越的价值观。⑦他在不同场合表示,试图发现"在写作诞生前的言语的原初形式"是"一种浪漫的幻想",因为实际上根本就不存在"纯粹"的原始形式或"真实性"。德里达认为,这些尝试具有逻各斯中心主义(logocentric)特点,言语等同于本性而书写对应文化,是对本性的补充,是西方世界罪责、怀旧的一种表达形式,也是种族中心主义的一种形式。

因此,通过解构,我们重新意识到即使西方传统在表面上似乎接受了口述传统的存在,在实际上却基本将自己置于与其对立的境地之中。无论如何,能将努力认可口述传统的正面价值作为一个开端,至少说明非洲史学仍有可能在将来作为一个整体出现,涵盖在这片大陆上存在的口述或书面、内部或外部起源的所有传统。

第二节　异化与认同

弗朗兹·法农(Frantz Fanon)关于殖民经历对非洲及第三世界其他国家具有的异化效果的说法颇具说服力,以至令人难以视而不见。⑧与西方不平等及负面的接触经历以及西方对非洲殖民前历史的贬低,该历史由于欧洲在非洲的早期活动而被强行重构和拓展,而这些都体现在沃尔特·罗德尼(Walter Rodney)的研究里。⑨最近,西非哲学家凯塔(I.D. Keita)总结道,在后殖民时期的当代非洲,"异化"是用来形容"非洲问题"最恰当的术语,在这种"大失所望"背后的是非洲的未圆之梦。⑩

那么，根据凯塔的史学实践，"现代化非洲"究竟是如何在心理上被异化呢？我们发现在接受西方传统的教育下非洲曾摈弃了它的口述传统，因此，如今它需要"再教育"才能重拾它自己的口述传统，并且在劝诫下回归口述传统以找回身份认同，也是为了实现与其在城市贫民阶层和农村社区中的主要公众群体的沟通。[11]实际上，我们发现直到非洲的知识分子们完全接受口述传统并采纳它作为与西方传统相联系的依据时，他们才开始实现自己"不计一切代价向白人证明非洲人丰富的思想和等值的才智"的愿望。[12]

与非洲学术界不同，在非洲农村社会内部的口述传统实践逃过了西方传统的"现代化"执行者们所主导的极端心理异化。其实，凭借口述传统本身的自我认同，它已具备了与西方传统联通对话的基础，能不受拘束地采纳和融合外部元素。我们相信，简·范西纳在其最近发表的开创性研究成果《雨林之径》中，想要定义的传统正是这种在稳定系统中的变化，而这也正是我们希望非洲新史学能够达到的目标。

第三节　传　　统

范西纳的著作是对传统概念有效实践的肯定。在这一千年中，西部班图移民在被欧洲基督教传统的后裔征服的过程中，给广袤的非洲赤道雨林古老的政治传统带来了变化。下文我们将就范西纳所定义的传统的五类共性进行探讨。[13]

第一，传统的"基本延续性"由"一整套具体的基本认知模式和概念"所组成。通过研究我们发现，无论是非洲口述传统在埃及文献资料中的书面记录，还是其在撒哈拉以南非洲的现实口述社会中的实际运用，口述传统都可谓是非洲大陆上的主流历史传统。在第二章中，我们已试图去发现口述传统背后蕴含的一些基本哲学概念。而后续的所有章节都对传统创新的各种形式及其实现了与其他传统在多种层面上的相互融合的历史发展进行了探索。

第二，"传统是一种过程"。这是对发生在连续性内部的实际变化的一种表述，体现了在历史视角下贯穿非洲大陆的史学传统形式是相互作用和改变的过程的研究精神。

第三，这些史学传统内部"既有连续性，又有变化"。这些传统内部的"关于终极现实的基本思想"都是以连续性为中心而存在的，但仍保留了"选择"的能力以"对未来做出选择但对其他选择仍敞开大门"。在具有这种性质的传统前提下，该项研究要求非洲史学家在其所处的史学环境中做出选择，以口述传统作为构建新史学的基础,同时借鉴西方和伊斯兰传统作为构造组成部分。

第四,"传统的具体定义在某种程度上取决于定义者的思维",即学者对多种传统的界定和定义,可能会受到主观因素的影响。实际上,在对非洲和外部传统、非洲口述传统在大陆各区域的不同形式等进行定义的时候,就必须要承认这些主观因素。它们主要根据史学传统在变革中所显现出的基本形式及概念被进行划分。

第五,"传统需要自治"才能继续生存和发展。比如,位于赤道非洲的班图传统随着"其传统继承者在历经40年的战争后被他族征服,并失去独立自决权"而崩塌瓦解。⑭范西纳认为,一种具有攻击性的传统实际上并不会推翻甚至毁灭另一种传统,因为受到挑战的传统完全有能力"接受、拒绝或调整这种改革"。只有在失去独立性继而失去自由选择权时,他们才会丧失前面提到的那种能力。然而,失去政治独立可能还会留下最小的选择空间,比如在马格里布,因为信仰自由和伊斯兰传统教育得到了保留,因此"传统的核心部分得到了保护和代代相传"。在这个例子中,即使经历了后来的欧洲殖民直到重获独立,伊斯兰传统仍得以延续,而柏柏尔人的非洲传统也继续寻找适合的空间进行发展。

与此同时,我们发现古埃及古老的千年传统正代表着一种史学传统的终结。希腊统治下的古埃及传统面临着危机,其所导致的局面包括曼涅托在其作品中站在古希腊的角度来描述埃及的祭司阶层和其传统。紧接着的罗马及基督教传统则只允许基督教科普特传统继续存在,但必须承认它是一种与其古代传统不同的新事物,并在当代的伊斯兰政体内苟延残喘。

非洲口述传统和咄咄逼人的外部传统催生了我们对创新的新史学的盼望,这几乎与已经内化的伊斯兰和西方传统无关,因为我们确信口述传统的核心在历经殖民和新殖民挑战后仍然保持活力。这样至少还有一定的选择的可能性。实际上,在范西纳看来,即使一种传统分崩离析甚至遭到灭顶之灾,也并不代表着它自然而然地就被挑战它的传统所取代,取代它的"新传统往往是一种建立在部分旧的认知观点之上,以及来自别处的观点。新观点首先由某个人提出,最后逐渐被那个人的社会所广泛接受"。⑮

第四节 叙 事 传 统

非洲史学的口述传统基本上是一种以美学和情感为生成背景,通过多种媒介得到实践的叙事传统。其实自19世纪末起,口述传统的这种文学叙事性就遭到了从事最为严谨的强调现代主义、科学、认识论和实证主义的西方传统学者的批判。相比之下，一些后现代化主义的文化运动和史学流派则对口述史学更为偏爱，其中"投身重返叙事主义"曾轰动一时。[16]

在这种人心激昂的对实证主义的对抗运动中，学者们热情投身于对新资源和新研究领域的探索。法国年鉴派可能就是诸多学派的其中之一。相比正统的西方传统，他们面对口述传统展现了更为开明的态度。比如布罗代尔于1946年号召"宏大历史"的重生，坚信"历史的研究范畴不应局限于被城墙围起来的花园"。[17]

克莱伦斯·史密斯（Clarence-Smith）有关口述传统是无用的评价被埋没在了布罗代尔和年鉴派的作品。口述传统与年鉴派通过结盟显示出了对这种无用评价的一副公然抗拒的态势，对克莱伦斯·史密斯的观点的驳斥甚至比范西纳更为激烈。[18]范西纳认为，克莱伦斯·史密斯的口述传统一无是处的观点是以福柯（Foucault）的"符号学"理论为基础，而不是基于布罗代尔或年鉴学派的观点和作品。

然而，直到近代，叙事主义的历史哲学才与认识论哲学正式对立，即一种后现代主义与现代主义的对抗。[19]例如，海登·怀特（Hayden White）对叙事形式的定义是："远非仅仅是可以塞入不同内容（无论这种内容是实在的还是虚构的）的话语形式，实际上，内容在言谈或书写被现实化之前，叙述已经具有了某种内容"。[20]

因此，非洲口述叙事传统不应受某些所谓西方正统传统拥护者的指责的消极影响，那些拥护者只会企图含沙射影质疑口述传统奉行者的思想。经过几百年的发展，口述传统在这片土生土长的非洲大陆上早已与非洲各区域在不同层面与伊斯兰传统取得了和谐共存，无论是在马格里布抑或是撒哈拉，西部、中部和东部苏丹抑或是非洲之角，直到非洲东海岸。这种多层面的相互适应和整合，进一步验证了史学传统正是通过自身与其他传统间的联系而行使选择权并做出决定的观点。

西方叙事哲学的出现进一步支持这种观点，即非洲口述传统终将与西方传统的内部因素相遇，而且两者的联系将会是积极的。

第五节　转　　型

那么，非洲口述传统和非洲史学的未来将会通向何方？即使是长颈鸟也无法预见非洲口述传统与伊斯兰传统及占统治地位的西方传统间所存在的辩证关系将会导致何种结果。

如果非洲史学传统选择模仿西方或任何其他传统，那它就不可能转变成一种

新的非洲史学,只有在口述传统本身稳固的基础上进行创新才能实现。用法农颇具说服力的话来说:

> 我们必须创造,我们必须探索发现。
> 我们必须翻开新的一页,创造新的概念,努力成为一个全新的人。[21]

既然如此,我们就必须创造出焕然一新的非洲史学。

◀ 注 释 ▶

第一章

① Leslie C. Aiello, "The fossil evidence for Modern human origins in Africa: a revised view", *American Anthropologist*, Vol.95, No, 1, 1993, pp.73 – 96.

② James Henry Breasted, *The Dawn of Conscience*, New York, 1933/1968, pp.9 – 10; Cheikh Anta Diop, *Civilization or Barbarism: An authentic Anthropology*, New York, 1991.

③ Joseph H, Greenberg, *The Languages of Africa*, Bloomington, 1963, pp.42 – 65.

④ Martin Bernal, Black Athena: *The Afroasiatic Roots of Classical Civilization*, New Brunswick, 1987/1991; Diop, *Civilization or Barbarism*.

⑤ M. Guthrie, "Bantu origins: a tentative new hypothesis", *Journal of African Languages*, 1, 1962, 9 – 21; J. H. Greenberg, "Linguistic evidence regarding Bantu origins", *Journal of African History*, 13, 1972.189 – 216; Jan Vansina, "Bantu in the crystal ball", *History in Africa*, Vol. 6, 1979, pp.287 – 333, Vol. , 1980, pp.293 – 325.

第二章

① Ruth Finnegan, *Oral Literature in Africa*, Oxford University Press, 1970; Isidore Okpewho, *The Epic in Africa*, Columbia University Press, 1979; Okpewho(ed.), *The Oral Performance in Africa*, Ibadan, Spectrum Books.1990.

② Jan Vansina, *Oral Tradition*, 1961/65.

③ Jan Vansina, *Oral Tradition as History*, 1985; J.C. Miller(ed.), *The African Past Speaks*, 1980.

④ Paul Thompson, *The voice of the past: Oral History*, Oxford University Press, 1987, 1988.

⑤ Jan Vansina. "The use of ethnographic data as sources for history", in T. O. Ranger (ed.), *Emerging Themes of African History*, London, 1968, pp.97 – 124; E.J. Alagoa, "The ethnographic dimension of oral tradition", *Kiabara*, 4, 2, 1981, pp.7 – 24.

⑥ E. J. Alagoa, "The encounter between African and Western historiography before 1800", *Storia delta Storiografia*, 19, 1991, pp.74 – 78.

⑦ Herodotus, *The Histories, Book II*, p.166, A de Selincourt and A. R. Burn (trans.), 1954 – 1972.

⑧ Herodotus, *Book II*, p.186.

⑨ A. Momigliano, "The place of Herodotus in the History of Historiography", *History*, *XLIII*, 1958, pp.1 – 13.

⑩ W. G. Waddell, *The Aegyptiaca of Manetho*, 1971, p.XI.

⑪ Waddell, 1971, pp.77, 195.

⑫ Ward, "The present status of Egyptian chronology", *Bull. Am. Schools of Oriental Research*, No.288, 1992, p.54.

⑬ H. R. Hall, "The Eclipse of Egypt", *The Cambridge Ancient History*, *Vol. III*, 1970, pp.251 – 269.

⑭ E.J. Alagoa, "Oral tradition and oral history in Africa", in Toyin Falola (ed.), *African Historiography: Essays in honour of Jacob Ajayi*, Longman, 1993, pp.4 – 13.

⑮ E. J, Alagoa, "An African philosophy of history in the oral tradition", in Robert Harms, Joseph C Miller, David S. Newbury and Michele D. Wagner (eds.) , *Paths towards the past: African historical essays in honor of Jan Vansina*, Atlanta, GA: African Studies Association Press, 1994, pp.15 – 25.

⑯ Y.Y. Mudimbe, *The Invention of Africa*, 1988, pp.160 – 161.

⑰ P. O. Bodurin (ed.), *Philosophy in Africa*; Appiah, *In My Father's House*, 1992.

⑱ R.G. Collingwood, *The idea of History*, 1946; W. H. Walsh, *An introduction to Philosophy of History*, 1951; P. Gardiner (ed.), *The Philosophy of History*, 1974.

⑲ F.R. Ankersmit, *Narrative Logic: a Semantic Analysis of the Historian's Language*, 1983.

⑳ Mudimbe, *The invention of Africa*, 1988, p.186.

㉑ E. J. Alagoa, "Nembe: The city idea in the Eastern Niger Delta", *Cahiers d'Etudes Africaine XI*, 42, 1971, pp.327 – 331.

㉒ Robin Horton, *The gods as guests*, 1960.

㉓ Nigel Barley, *Foreheads of the Dead*, 1988.

㉔ E.D.W. Opuogulaya, *The Culture of the Wakirike*, 1975.

㉕ E. J. Alagoa, "Idu: a creator festival at Okpoma (Brass) in the Niger Delta", Africa, 34, 1, 1964, pp.1 – 8.

㉖ Robin Horton, "The Ekine Society", *Africa*, 33, 2, 1963, pp.44 – 114; E. J. Alagoa, "Delta masquerades", Nigeria Magazine, 93, 1967, pp.145 – 155.

㉗ Jan Vansina, *Oral Tradition*, 1961/65; *Oral Tradition as History*, 1985.

㉘ E.J. Alagoa, "Riddles in Nembe", *Oduma*, 2, 1975, pp.17 – 21.

㉙ E.J. Alagoa, "Songs as historical data", *Research Review*, 5, 1, 1968, pp.1 – 16.

㉚ E.J. Alagoa, "Ijo drumlore", *African Notes*, 6, 2, 1971, pp.61 – 71; "Ama-teme-suo Kule" in Tunde Okanlawon (ed.), *Comparative Literature*, 1988, pp.102 – 104.

㉛ E.J. Alagoa, "The use of oral literary data for history: examples from the Niger Delta-proverbs", *Journal of American Folklore*, 81, 321, 1968, pp.235 – 242; *Nembe proverbs*, 1986.

㉜ E.J. Alagoa, *Nembe proverbs*, 1986, pp.76 – 77.

㉝ Alagoa, 1986, pp.88 – 89.

㉞ S.A. Ekwulo, *Ikwerre Proverbs*, 1975, pp.2 – 3.

㉟ Ekwulo, 1975, pp.4 – 5.

㊱ Ekwulo, 1975, pp.8 – 29.

㊲ J.O. Ojoade, "Some Itsekiri proverbs", *Nigerian Field*, 1980, p.93.

㊳ J.O. Ojoade, "Proverbs as a mirror of Birom life and thought", in E. Isichei (ed.), *The History of Plateau State of Nigeria*, 1982, p.87.

㊴ J.O. Ojoade, "Some Kuteb aphorisms", *Nigerian Field*, 1982, p.56.

㊵ Ekwulo, 1975, pp.6–7, 16–17.

㊶ Ojoade, "Proverbial evidences of African legal customs", *International Folklore Review*, 6, 1988, p.31.

㊷ Ojoade, 1988, p.31.

㊸ Ojoade, 1988, p.31.

㊹ Alagoa, 1986, pp.18–19.

㊺ Ekwulo, 1975, pp.6–7.

㊻ Ekwulo, 1975, pp.24–25.

㊼ Kwasi Wiredu, "The Concept of Truth in the Akan Language", in Bodurin (ed.), 1985, pp.43–54.

㊽ Ekwulo, 1975, pp.28–29.

㊾ E.J. Alagoa, *The Python's Eye*, 1981, p.33.

㊿ Ekwulo, 1975, pp.36–37.

(51) Alagoa, 1986, pp.62–63.

(52) Ekwulo, 1975, pp.2–3.

(53) J.O. Ojoade, "God in Nigerian proverbs", *Nigerian Field*, 1978, p.174.

(54) Ojoade, 1978, p.176.

(55) John Ryan, *The Confessions of St. Augustine*, 1960, p.293.

(56) Alagoa, 1986, pp.10–11.

(57) Alagoa, *The Python's Eye*, 1981, p.14.

(58) Ekwulo, 1975, pp.22–23.

(59) Ekwulo, 1975, pp.2–3.

(60) Ekwulo, 1975, pp.4–5.

(61) Alagoa, 1986, pp.46–47.

(62) Alagoa, 1986, pp.60–61.

(63) Alagoa, 1986, pp.104–105.

(64) Alagoa, 1986, pp.72–73.

(65) Alagoa, 1986, pp.116–117.

(66) Alagoa, *The Python's Eye*, 1981, pp.11–12.

(67) Ekwulo, 1975, pp.34–35.

(68) J.F. Ade Ajayi & E.J. Alagoa, "Black Africa: The historian's perspective", *Daedalus*, 103, 2, 1974, 125–134; "Sub-Saharan Africa", in *International Handbook of Historical Studies*, edited by G. G. Iggers & U. T. Parker, Westport, 1979, pp.403–418.

(69) E.J. Alagoa (eds.), *Oral Tradition and Oral History in Africa and the Diaspora: Theory and Practice*, Lagos, 1990.

(70) Alex Haley, *Roots*, New York, Doubleday, 1976.

第三章

① Alan Gardiner, *Egypt of the Pharoahs*, Oxford University Press, 1961, Chapter XIV, "Prehistory", p.392.

② The form and dates of the dynasties and pharoahs follow Stephen Quirke, *Who were the Pharaohs? A history of their names with a list of cartouches*, New York, 1990.

③ Alan Gardiner, *Egypt of the Pharoahs*, pp.33 – 37.

④ John H. Taylor, *Egypt and Nubia*, Cambridge, MA, 1991, p.5.

⑤ W.V. Davies, *Reading the Past: Egyptian Hieroglyphs*, pp.10 ff., pp.37 – 40, 57 – 62. The distribution of Dynasties into Periods follows the pattern at p.8.

⑥ W.V. Davies, *Egyptian Hieroglyphs*, p.27.

⑦ J. Cerny, *Paper and Books in Ancient Egypt*, Chicago, 1952, p.4.

⑧ Donald B. Redford, *Pharaohnic King-lists, Annals and Day-Books*, 1986. The discussion of this section follows Ludlow Bull, "Ancient Egypt", in John Oberman (ed.), *The Idea of History in the Ancient Near East*, 1955, pp.3 – 33.

⑨ Ludlow Bull, "Ancient Egypt", p.27.

⑩ Cf. H.& H.A. Frankfort. "Myth and Reality" in H.& H. A. Frankfort, John A. Wilson, Thorkild Jacobsen, William Irwin, *The Intellectual Adventure of Ancient Man: An Essay on Speculative Thought in the Ancient Near East*, Chicago, 1946, pp.3 – 27.

⑪ Ludlow Bull, "Ancient Egypt", p.23.

⑫ Ludlow Bull, "Ancient Egypt", p.24.

⑬ Bull, "Ancient Egypt", p.24.

⑭ Bull, "Ancient Egypt", footnote 32, p.25.

⑮ John A. Wilson. "Egypt: the nature of the universe" in H. & H.A, Frankfort et al, *The Intellectual Adventure of Ancient Man*, pp.31 – 61.

⑯ John A. Wilson, "Egypt; the nature of the universe", p.52.

⑰ Herodotus, *The Histories*, Translated by A. de Selincourt & A.R. Burn, Harmondsworth, 1954 – 1972, Pt.11, p.186.

⑱ Herodotus, 11, p.130.

⑲ The discussion under this section will be derived from the following sources: Richard A. Parker, *The Calendars of Ancient Egypt*, Chicago, 1950; W.M. O'Neil, *Time and the Calendars*, Manchester, 1975; William A. Ward, "The present status of Egyptian Chronology", *Bulletin of the American Schools of Oriental Research*, No. 288, 1992, pp.53 – 66

⑳ Parker, *The Calendars of Ancient Egypt*, p.31.

㉑ Bull, "Ancient Egypt", pp.26 – 28.

㉒ Donald B. Redford, *Pharaohnic King-lists, Annals and Day-Books*, 1986.

㉓ Redford, *Pharaonic King-lists*, p.203.

㉔ Redford, *Pharaonic King-lists*, p.67.

㉕ Redford, *Pharaonic King-lists*, p.78.

㉖ Redford, *Pharaonic King-lists*, pp.83 – 84.

㉗ See Redford, *Pharaonic King-lists*, for examples of day-books.

㉘ E. J. Alagoa, "The encounter between African and Western historiography before 1800", *Storia*

116

della Storiografia, 19, 1991, pp.78–80.

㉙ W.G. Waddell, Manetho, 1971, pp.ix, xi-xii.

㉚ According to Redford, *Pharaonic King-lists*, pp.206–229.

㉛ Waddell, Manetho, p.vii, The history of the Aegyptiaca follows Richard Laqueur (1928).

㉜ The texts are taken from the following collections: Adolf Erman, *The Ancient Egyptians: A Source book of their writings*, New York, 1927/1966; and William Kelly Simpson (ed.), *The Literature of Ancient Egypt: An Anthology of Stories, Instructions, and Poetry*, New Haven & London, 1973.

㉝ Simpson (ed.), *The Literature of Ancient Egypt*, p.306

㉞ W.K. Simpson in Erman, *The Ancient Egyptians*, pp.xvi-xvii.

㉟ Simpson (ed.), *The Literature of Ancient Egypt*, p.160.

㊱ Simpson (ed.), *The Literature of Ancient Egypt*, pp.162, 173, 174.

㊲ Simpson (ed.), *The Literature of Ancient Egypt*, p.336, from *The Satire on the Trades/The Instruction of Dua-Khety, The Instruction of Duauf in Erman, The Ancient Egyptians*, pp.67–72.

㊳ Simpson (ed.), *The Literature of Ancient Egypt*, p.182. *The Teaching for Morikare, The Instruction for King Kerikare* (Erman), p.75.

㊴ Simpson (ed.), *The Literature of Ancient Egypt*, p.183.

㊵ Simpson (ed.), *The Literature of Ancient Egypt*, pp.191, 190. 41. Simpson (ed.), *The Literature of Ancient Egypt*, p.190.

㊶ Simpson (ed.), *The Literature of Ancient Egypt*. pp.185, 186.

㊷ Simpson (ed.), *The Literature of Ancient Egypt*, pp.245, 263.

㊸ Simpson (ed.), *The Literature of Ancient Egypt*, p.207.

㊹ Simpson (ed.), *The Literature of Ancient Egypt*, "The Admonitions of an Egyptian sage", pp.218, 226.

㊺ Simpson (ed.), *The Literature of Ancient Egypt*, "The Lamentations of Khakheperresonbe", p.231.

㊻ The following examples come from Redford, *Pharaonic King-lists*, pp.257–294.

㊼ See R.G. Collingwood, *The Idea of History*, 1946; Ludlow Bull, "Ancient Egypt ", 1955, pp.32–33; Herbert Butterfield, *The Origins of History*, 1981, pp.47–60; Redford, *Pharaonic King List*, pp.xvi-xxi; John A. Wilson, "Egypt", in *The Intellectual Adventure of Ancient Man*, edited by H.& H.A. Frankfort, 1946, p.119.

㊽ Cf. C.B. Kiebel, "Memory sticks and other mnemonic devices", *The Nigerian Field*, vol. 55, Parts 3–45 Oct. 1990, pp.91–98 for examples from Nigeria. See I.J. Gelb, *A Study of Writing*, 1963, Table titled "Origin of the alphabet".

㊾ John H. Taylor, *Egypt and Nubia*, 1991, pp.50–51; Albertine Gaur, *A History of Writing*, 1987, p.65; Jean Leclant, "The present situation in deciphering of Meroitic script", 1974, pp.107–119.

㊿ A. Gaur, *A History of Writing*, pp.72, 91.

(51) A. Gaur, *A History of Writing*, p.100; Cf. I. J. Gelb, *A Study of Writing*, p.149.

(52) A. Gaur, *A History of Writing*, pp.122–123; W.V. Davies, *Egyptian Hieroglyphs*, pp.25–27.

(53) I. J. Gelb, *A Study of Writing*, p.209; I. M. Lewis, "The Gadabuursi Somali Script", *Bulletin of the School of Oriental and African Studies*, Vol. 21, 1958, pp.134–156.

(54) Fafima Massequoi Fahnbulleh, "The Seminar on Standardization of the Vai Script", *University of Liberia Journal*, January 1963, pp.11 – 37.

(55) I. J. Gelb, *A Study of Writing*, p.208. The following scripts are also cited here.

(56) Gelb, *A Study of Writing*, pp.208 – 209; Gaur, *A History of Writing*, p.131.

(57) Kathleen Hau, "Evidence of the use of pre-Portuguese written characters by the Bini?", *Bull. De I'IFAN*, Vol. 21, ser B, Nos. 1 – 2, 1959, pp.109 – 154; "A royal title on a Palace Tusk from Benin (Southern Nigeria)", *Bull. De I'IFAN*, Vol. 26, ser B, Nos, pp.1 – 2, 1964, pp.21 – 39; "The ancient writing of Southern Nigeria", *Bull. De I'IFAN*, Vol. 29, ser B, Nos, pp.1 – 2, 1967, pp.150 – 189; "Pre-Islamic writing in West Africa", *Bull. De I'IFAN*, ser B, No. 1, Vol. 35, 1973, pp.1 – 45.

(58) J.K Macgregor, "Some Notes on Nsibidi", *Journ. Royal Anthropological Institute*, Vol. 39, 1909, pp.209 – 219; E. Dayrell, "Some Nsibidi signs", *Man*, Vol, 10, 1910, pp.113 – 115; E. Dayrell, "Further Notes on Nsibidi Signs", JRAL, Vol. 41, 1911, pp.521 – 540; E.J Alagoa, "Peoples of the Cross River Valley and the Eastern Niger Delta", in O. lkime (ed.), Groundwork of Nigerian History, 1980, pp.62 – 63.

(59) R.F.G. Adarns, "Oberi Okaime: A new African language and script", *Africa*, 1947; K. Hau, "Oberi Okaime script, Texts and Counting System", *Bull. De I'IFAN*, Vol. 23, ser B, Nos. 1 – 2, 1961, pp.291 – 308.

(60) Gelb, *A Study of Writing*, p.231.

(61) Jack Goody (ed.), *Literacy in Traditional Societies*, 1968, see African cases in (i) lvor Wilks, "The Transmission of Islamic learning in the Western Sudan", pp.162 – 197. (ii) Jack Goody, "Restricted literacy in Northern Ghana", pp.198 – 264, (iii) I.M.Lewis, "Literacy in a nomadic society: the Somali case", pp.265 – 276; (iv) Maurice Bloch, "Astrology and Writing in Madagascar", pp.277 – 297.

第四章

① Julian Oberman, "Early Islam" in R. C. Dentan (ed.) *The Idea of History in the Ancient Near East*, 1955, pp.264, 281, 306; P.M. Holt , "Introduction" to *The Cambridge History of Islam*, Vol. 2B, edited by P.M. Holt, et al, 1970, p.xv.

② Oberman, "Early Islam", p.241.

③ Oberman, "Early Islam", p.280.

④ Franz Rosenthal, *A History of Muslim Historiography*, Leiden, 1968, p.11.

⑤ Rosenthal, *A History of Muslim Historiography*, pp.12 – 14.

(5a) George Makdisi, "The Diary in Islamic Historiography: Some Notes", *History and Theory*, Vol. 25, No 2, 1986, pp.173 – 185.

⑥ Rosenthal, *A History of Muslim Historiography*, pp.66 – 71.

⑦ I.U.A. Musa, "The rise of Muslim Sudanic Historiography in *Bilad as-Sudan*: a tentative analysis", Zaria, 1978, p.13.

⑧ G.S.P. Freeman-Grenville, *The Muslim and Christian Calendars*, 1963, p.1, citing Quran, Sura IX, verse 36. All succeeding quotations come from Freeman-Grenville.

⑨ W.H.C. Frend, "The Christian period in Mediterranean Africa c. AD 200－700" in J.D. Fage (ed.) *The Cambridge History of Africa*, vol. 2, from c. 500 B.C. to AD 1050, Cambridge, 1978, pp.410－489.

⑩ T. Bianquis, "Egypt from the Arab conquest until the End of the Fatimid State" (1171) in M. EL Fasi and I. Hrbek (eds.), *Unesco General History of Africa*, Vol. III.. *Africa from the seventh to the eleventh century*, Paris, 1985, pp.163－193.

⑪ Michael Brett, "The Arab conquest and the rise of Islam in North Africa", in J.D. Fage (ed.), *The Cambridge History of Africa*, Vol. 2, p.495

⑫ For the following section, see Ivan Urbek, "Egypt, Nubia and the Eastern Deserts", in Roland Oliver (ed.), *The Cambridge History of Africa*, Vol. 3, from c. 1050 to c. 1610, Cambridge, 1977, pp.22－23, 38－39, 63－67, 95－97.

⑬ Donald Harden, *The Phoenicians*, Penguin Books, 1980, pp.163－168 for Hanno's account.

⑭ I. M. Barton, *African in the Roman Empire*, Accra, 1972, pp.34, 59; J.A. Ilevbare, Carthage, Rome, and the Berbers, Ibadan, 1980, pp.XVII, 171.

⑮ M.EL Fasi and I. Hrbek, "Stages in the development of Islam its dissemination in Africa", *Unesco General History of Africa*, *III*, pp.61－67 for "The Maghrib".

⑯ R. Idris, "Society in the Maghrib after the disappearance of the Almohads", in *Unesco General History of Africa*, *IV*, 1984, p.115.

⑰ T.T Mekouria, "The Horn of Africa", in *Unesco General History of Africa*, *III*, pp.558－574.

⑱ Taddesse Tamrat, "Ethiopia, the Red Sea and the Horn", in *The Cambridge History of Africa*, *vol. 3*, from c. 1050 to c. 1600, 1977, pp.99－182.

⑲ E. Ceruili, "Ethiopia's relations with the Muslim world", in *Unesco General History of Africa*, *III*, 1988, pp.575－585.

⑳ Claude Sumner, "Ethiopia: Land of Diverse Expressions of Philosophy, Birthplace of Modern Thought", in *African Philosophy*, edited by Claude Sumner, Addis Ababa, 1980, pp.393－400.

㉑ Herbert S. Lewis, "The origins of the Galla and Somali", *Journal of African History*, 7, 1, 1966, pp.27－46; I. M. Lewis, "The Somali conquest of the Horn of Africa", *Journ. Afr. Hist*, 1, 2, 1960, pp.213－229.

㉒ E. Ceruili, "Ethiopia's relations with the Muslim world", 1988, pp.577－585.

㉓ Raymond Mauny, "Trans-Saharan contacts and the Iron Age in West Africa", *Cambridge History of Africa*, *Vol. 2, from c. 500 BC to AD 1050*, pp.272－341.

㉔ Mauny, "Trans-Saharan contacts", p.288ff.

㉕ *Herodotus: The Histories*, translated by Audrey de Selincourt, revised by A.R. Burn, Penguin Books, 1952/1972, Book 2, p.141; for other references see Book 4, pp.329－334.

㉖ *Herodotus*, Book 4, p.333.

㉗ P. Salama, "The Sahara in classical antiquity", *General History of Africa*. *II. Ancient Civilizations of Africa*, edited by G. Mokhtar, Unesco, 1981, pp.513－532.

㉘ T. Lewicki, "The role of the Sahara and Saharians in relations between north and south", *Unesco General History of Africa*, *III*, pp.276－313.

㉙ N. Levtzion & J.F.P Hopkins, Corpus of early Arabic Sources for West African History, Cambridge, 1981, pp.293, 297.

㉚ Levtzion & Hopkins, *Corpus of early Arabic sources*, p.77, Abu 'Ubayd 'Abd Allah b. 'Abd al-'Aziz al-Bakr, *Kitab al-masalik wa-'l-mamalik* (The Book of Routes and Realms).

㉛ Levtzion & Hopkins, *Corpus of early Arabic sources*, pp.79 – 80, al-Bakr, *Kitab al-masalik wa-'l-mamalik*.

㉜ Levtzion & Hopkins, *Corpus of early Arabic sources*, p.82.

㉝ Levtzion & Hopkins, *Corpus of early Arabic sources*, p.98. Abu Allah Muhammad b. Abi Bakr al-Zuhri, *Kitab al-Ja'rafiyya* (Book of Geography).

㉞ Levtzion & Hopkins, *Corpus of early Arabic sources*, p.333. Abu Zayd 'Abd al-Rahman Ibn Khaldun, *Kitab al-'ibar wa-diwan al-mubtada'wa-'l-khabar fi ayyam al-'arab wa-'l-Bilabarbar*, (The Book of Examples and the Register of subject and Predicate [or, of the Origin and History], on the Days of the Arabs, the Persians and the Berbers).

㉟ Levtzion & Hopkins, *Corpus of early Arabic sources*, p.271, Shihab al-Din Abu 'l-'Abbas Ahmad b. Yaha b. Fadl Allah al-'Adawi *alias* Ibn Fadl Allah al-'Umari, *Masalik al-absar fi mamalik al-amsar*. (Pathways of Vision in the Realms of the Metropolises).

㊱ J. Spencer Trimingham, *A History of Islam in West Africa*, London, 1962, p.89.

㊲ I.U.A. Musa, "The Rise of Muslim Sudanic Historiography in *Bilad as-Sudan: a tentative analysis*", Paper presented at the 23rd Congress of the Historical Society of Nigeria, held at Ahrnadu Bello University, Zaria, 4th-8th April 1978.

㊳ Elias N. Saad, *Social History of Timbuktu: The role of Muslim Scholars and Notables*, *1400 – 1900*, London, 1983; E.J. Alagoa, "al-Sa'di'Abd al-Rahman", Lucian Boia (ed.), *Great Historians from Antiquity to 1800: An International Dictionary*, New York: Greenwood Press, 1989, p.3.

㊴ E.J. Alagoa, "Ahmad Baba", *Great Historians from Antiquity to 1800*, p.2 for other references.

㊵ E.N. Saad, *Social History of Timbuktu*, p.62; Ivor Wilks, "The transmission of Islamic learning in the Western Sudan", in Jack Goody (ed.), *Literacy in Traditional Societies*, Cambridge, 1968, pp.162 – 197; Thomas Hodgkin, "The Islamic Literary Tradition in Ghana", in I.M. Lewis (ed.), *Islam in Tropical Africa*, London, 1966, pp.44 – 462.

㊶ Ivor Wilks, "The transmission of Islamic learning", p.167.

㊷ T. Hodgkin, "The Islamic Literary Tradition", p.450 – 452; Jack Goody, "Restricted Literacy in Northern Ghana", in J. Goody, (ed.), *Literacy in Traditional Societies*, pp.24 – 261.

㊸ H. R. Palmer, *Sudanese Memoirs*, Vol.3, pp.1, 3 – 5.

㊹ Levtzion & Hopkins, *Corpus of early Arabic sources*, pp.344 – 345. Abu'l-'Abbas Ahmad al-Qalqashandi, *Subh al-a'shaft sinaat al-insha*, (The Dawn of the Night-blind on the Art of Letter-writing) completed 1412 AD.

㊺ H. R. Palmer (ed. & trans), *History of the First Twelve years of the Reign of Mai Idris Alooma of Bornu, 1571 – 1583*, by *his Imam, Ahmad Ibn Fartua*, Lagos, 1926, London 1970; H. R. Palmer, "Kanem Wars of Mai Idris Alooma", Vol. *I*, *Sudanese Memoirs*, Lagos 1928, London, 1967; E.J. Alagoa, "Ibn Fartuwa, Ahmad", in Lucian Boia (ed.), *Great Historians from Antiquity to 1800: An International Dictionary*, 1985, p.5.

㊻ Thomas Hodgkin (ed.), *Nigerian perspectives: An Historical anthology*, London, 1960. pp.134 – 135, citing H. R. Palmer, "Two Sudanese Manuscripts of the seventeenth century",

Bulletin of the School of Oriental and African Studies, Vol. 3, 1929, pp.545－547.

㊼ H. R. Palmer, *Sudanese Memoirs*, Vol. 1, preface; Vol. 11, pp.6－17; Vol. In, pp.1－2; Hodgkin (ed.), *Nigerian Perspectives*, p.70 fn. 4.

㊽ H. R. Palmer, "Kano Chronicle", *Journal of the Royal Anthropological Institute*, Vol. 38, 1980, pp.63－98; *Sudanese Memoirs*, Vol. 3, pp.97－132. The following citations come from the *Memoirs*.

㊾ H. R. Palmer, "Kano Chronicle", *Sudanese Memoirs*, Vol. 3, p.111.

㊿ Abdullahi Smith, "The early history of the Central Sudan", in J.F. Ade Ajayi & Michael Crowder (eds.) *History of West Africa, Vol.* 1', Second Edition, 1976, p.192 fn. 143.

(51) Yusufu Bala Usman, *The Transformation of Katsina*: (*1400－1883*), Zaria, 1981, pp.21－22, pp.71－76.

(52) Ahmed Mohammed Kani, "The rise and influence of scholars in Hausaland before 1804", *Kano Studies*, New Series, 1981, pp.47－69.

(53) Ahmed M. Kani, "Aspects of historiographical developments in the Sokoto Caliphate up to 1860", Paper presented at the Congress of the Historical Society of Nigeria held at Sokoto, May 1991, p.10.

(54) Ahmed M. Kani, "Aspects", p.5. See also M. Hiskett (tr.), Abdullahi b. Fudi, *Tazyi al-waraqat*, Ibadan, 1963.

(55) Joseph H. Greenberg, "Linguistic evidence for the influence of the Kanuri on the Hausa", *Journal of African History*, Vol. 1, No 2, 1960, pp.205－212.

(56) Greenberg, "Linguistic evidence", p.212.

(57) M. Hiskett, "The 'Song of Bagauda': A Hausa King List and Homily in Verse", *Bulletin of the School of Oriental and African Studies*, I: Vol. 27, 1964, pp.540－567; II: Vol. 28, 1965, pp.112－135; III: Vol. 28, 1965, pp.363－385; H.R. Palmer, *Sudanese Memoirs*, Vol. 3, 132－134 for the *Girgam*.

(58) O. S. A. Isma'il, "Some reflections on the literature of the *Jihad* and the Caliphate" in Y. B. Usman (ed.), *Studies in the History of the Sokoto Caliphate*, Zaria, 1979, pp.165－180.

(59) Y.B. Hasan & B. A. Ogot, "The Sudan, 1500－1800", in B. A. Ogot (ed.), *General History of Africa Vol V: Africa from the sixteenth century to the eighteenth century*, Unesco, 1992, p.170.

(60) Yusuf Fadl Hasan, "The penetration of Islam into the Eastern Susan", in I. M. Lewis (ed.), *Islam in Tropical Africa*, London, 1966, p.146.

(61) R. S. O'Fahey & J. L. Spaulding, *Kingdoms of the Sudan*, London, 1974, p.9.

(62) O'Fahey & Spaulding, *Kingdoms of the Sudan*, p.9.

(63) Wilfred Whiteley, *Swahili: The rise of a National Language*, London, 1973, 1974, 1975, pp.3－9.

(64) G. S. P. Freeman-Grenville, *The East African Coast: Select Documents from the first to the earlier nineteenth century*, Oxford, 1962, pp.1－7.

(65) Neville Chittick, "Kilwa and the Arab settlement of the East African coast", *Journal of African History*, Vol. 4, No 2, 1963, pp.179－190; "The Coast before the arrival of the Portuguese", in B. A. Ogot (ed.), *Zamani: A Survey of East African History*, Nairobi, 1968, 1973, pp.98－114.

(66) G. S. P. Freeman-Grenville, *The East African Coast*, Abu-'l-Hasan 'Ali b. al-Husayn al Mas'udi,

Muruj al-dhahab wa-maadin al-jawhar (The Meadows of Gold and the Mines of Jewels).

㉗ G. S. P. Freeman-Grenville, *The East African Coast*, pp.19 – 20. Abu 'Abd Allah Muhammad al sharif al-Idrisi, *Nuzhat al-mushtaq fi ikhtiraq al-afaq* (The Pleasure of Him who longs to cross the horizons).

㉘ Freeman-Grenville, *The East African Coast*, pp.27 – 32. Shams al-Din Abu 'Abd Allah Muhammad Ibn Battuta, *Rihla* (Journey).

㉙ Neville Chittick, "The 'Shirazi' colonization of East Africa", *Journal of African History*, Vol. 6, No 3, 1965, pp.236 – 273.

㉚ Freeman-Grenville, *The East African Coast*, pp.8, 21 – 22; Chittick, "The 'Shirazi' colonization", pp.246, 268.

㉛ G. S. P. Freeman-Grenville, *The East African Coast*, pp.34 – 49: Anonymous: an Arabic History of Kilwa Kisiwani c. 1520; pp.213 – 304: Histories of Mombasa, Kilwa Kisiwani, Lindi, Sudi, Dar es-Salaam, Bagamoyo, Pate, and Kua.

㉜ Freeman-Grenville, *The East African Coast*, "Anonymous: an Arabic History of Kilwa Kisiwani c. 1520; pp.34 – 49; J. de Barros, *Da Asia*, Lisbon, 1552, pp.89 – 93.

㉝ C. Velten, *Prosa und poesie der Suaheli*, Berlin, 1907, pp.243 – 52, 265 – 72, 279 – 84, 289 – 305. Histories of Kilwa Kivinje, Mikindani, Kionga, Pangani, and Kisaki were not used by Freeman-Grenville as being of "lesser historical value".

㉞ C. H. Stigand, *The Land of Zinj*, 1913, pp.29 – 102. Three other versions are cited by Freeman-Grenville.

㉟ J. J. Saunders, "Rashid al-Din, the first Universal Historian", *History Today*, Vol. XXI, No 7, 1971, p.471.

㊱ Franz Rosenthal (tr.), *Ibn Khaldun. The Muqaddimah*; *An Introduction to History*, 3 vols., 1958, 1967, Vol. 1, p.13, fn. 28; Muhsin Mahdi, *Ibn Khaldun's Philosophy of History*, Chicago, 1964, 1971, p.63, translates the title as "The book of the *'Ibar*, the Record of the Origins and Events of the Days of the Arabs, Persians and Berbers, and those of their Contemporaries who were Possessors of Great Power"; Levtzion & Hopkins, *Corpus of early Arabic Sources*, p.317 renders it "The Book of Examples and the Register of subject and Predicate [or of the Origin and History], on the Days of the Arabs, the Persians and the Berbers".

㊲ F. Rosenthal, *Ibn Khaldun*, Vol. 1, "Introduction", pp.15 – 68.

㊳ Rosenthal, *Ibn Khaldun*, Vol. 1, "Preliminary Remarks", pp.71 – 85.

㊴ Rosenthal, *Ibn Khaldun*, Vol. 1, "Chapter 1: Human civilization in general", pp.87 – 245.

㊵ Rosenthal, *Ibn Khaldun*, Vol. 1, pp.249 – 310.

㊶ M. Mahdi, *Ibn Khaldun's Philosophy of History*, pp.196, 263. Asabiyah was previously used principally in the sense of dominating other groups.

㊷ Rosenthal, *Ibn Khaldun*, Vol. 1, pp.313 – 481; Vol. 11, pp.3 – 231.

㊸ Rosenthal, *Ibn Khaldun*, Vol. 11, pp.235 – 307.

㊹ Rosenthal, *Ibn Khaldun*, Vol. 11, pp.311 – 407.

㊺ Rosenthal, *Ibn Khaldun*, Vol. 11, pp.411 – 463; Vol. HI, pp.3 – 481.

㊻ Lenn Evan Goodman, "Ibn Khaldun and Thucydides", *Journal of the American Oriental Society*, Vol. 92, No 2, 1972, pp.250 – 270.

㊗ Ziauddin Sardar, *The Future of Muslim Civilization*, London: Croom Helm, 1979, chapter 8: "The future is in the past", pp.167 – 188.

第五章

① R.G. Collingwood, *The Idea of History*, London: Oxford University Press, 1946, 1956, 1977.

② F.R. Ankersmit, *Narrative Logic: A Semantic Analysis of the Historian's Language*, The Hague/Boston/London, 1983; "Historiography and Postmodernism", *History and Theory*, vol. 28, No 2, 1989, pp.137 – 153; Hayden White, *Metahistory: The Historical Imagination in Nineteenth Century Europe*, Baltimore, 1973, and other writings.

③ Collingwood, *The Idea of History*, pp.10 – 11.

④ J. B. Bury, *The Ancient Greek Historians*, New York: Dover Publications Inc., 1958, pp.36 – 74.

⑤ Amaldo Momigliano, "The place of Herodotus in the History of Historiography", *History*, XLVIII, 1958, pp.1 – 13.

⑥ Lenn Evan Goodman, "Ibn Khaldun and Thucydides", *Journ. Am. Oriental soc.*, 92, 2, 1972, 250 – 270; J.B. Bury, *The Ancient Greek Historians*, pp.143 – 144.

⑦ Collingwood, *The Idea of History*, p.41.

⑧ Collingwood, *The Idea of History*, pp.46 – 85.

⑨ Collingwood, *The Idea of History*, pp.59 – 76; Descartes, *A Discourse on the First Philosophy*, *Principles of Philosophy*, Translated by John Yeitch, London: Everyman Library, 1977, pp.6 – 7.

⑩ Collingwood, *The Idea of history*, pp.113 – 122; G.W.F. Hegel, *The Philosophy of History*, New York: Dover Publishers, Inc., 1956.

⑪ Collingwood, *The Idea of History*, pp.126 – 133.

⑫ Karl R. Popper, *The Poverty of Historicism*, New York: Harper & Row, 1964, p.161; cf. Melyin Rader, *Marx's Interpretation of History*, New York: Oxford University Press, 1979, pp.86 – 88; *History and Theory*, Beiheft 14, 1975: "Essays on historicism".

⑬ Collingwood, *The Idea of History*, pp.282 – 302; Carl G. Hempel, "Reason and Covering Law in Historical Explanation", in *The Philosophy of History*, edited by Patrick Gardiner, Oxford, 1974, pp.90 – 105; W.H. Walsh, "Colligatory Concepts in History", in Gardiner (ed.), *The Philosophy of History*, pp.127 – 144.

⑭ Fernand Braudel, *On History*, (Translated by Sarah Matthews), London: Weidenfeld & Nicolson, 1969, 1980; *The Mediterranean and the Mediterranean World in the Age of Philip II*, 2 volumes, (Translated by Sian Reynolds), London: Fontana/Collins, 1969, 1975, 1981.

⑮ Jean Glenisson, "France", in G.G. Iggers and H. T. Parker (eds.), *International Handbook of Historical Studies*, Westport: 1979, pp.175 – 192; E. U Roy Ladurie, *Montaillou: Cathars and Catholics in a French Village 1294 – 1324*, Penguin, *The Territory of the Historian*, (Translated by Ben & Sian Reynolds), 1979; Traian Stoianivich, *French Historical Method: The 'Annales' Paradigm*, Ithaca, 1976.

⑯ Theodore K. Rabb & Robert I. Rotberg (eds.), *The New History, The 1980s and Beyond: Studies in Interdisciplinary History*, Princeton: Princeton University Press, 1982.

⑰ F.R. Ankersmit, "The Dilemma of Contemporary Anglo-Saxon Philosophy of History", *History and Theory*, 25, Beiheft 25, 1986, pp.1 – 27; "Historiography and Postmodernism", *History and*

Theory, 28, 2, 1989, pp.137 – 153; *History and Theory*, Beiheft 19, 1980, "Metahistory: Six Critiques".

⑱ F.R. Ankersmit. *Narrative Logic*, 1983; Paul Ricoeur, *Time and Narrative*, 3 volumes (Translated by Kathleen McLaughlin and David Pellauer), 1983, 1990.

⑲ E.J. Alagoa, "The Encounter between African and Western Historiography before 1800", *Storia della Storiografia*, 19, 1991, pp.73 – 87.

⑳ A.F. Shore, "Christian and Coptic Egypt", in J R. Harris (ed.), *The Legacy of Egypt*, Oxford, 1971, p.390.

㉑ E.J. Alagoa, "The Encounter between African and Western historiography before 1800", p.82.

㉒ J.H. Parry, *The establishment of the European Hegemony, 1415 – 1715*, New York: Harper & Row, 1966.

㉓ Eric R. Wolf, *Europe and the People without History*, Berkeley, 1982.

㉔ B. Heintz and Adam Jones (eds.), "European Sources for sub-Saharan Africa before 1900: Use and Abuse", *Paideuma*, Vol. 33, 1987.

㉕ D. Forde (ed.), *Eftk Traders of Old Calabar*, London, 1956; P.D. Curtin (ed.), *Africa Remembered: Narratives by West Africans from the Era of the Slave Trade*, Madison & Ibadan, 1967; Thea Buttner, "Aspects and Roots of African historiography: The Encounter or Dialogue with Western historical writing and thinking", *Storia della Storiografia*, Vol. 19, 1991, pp.111 – 116.

㉖ Frantz Fanon, *The Wretched of the Earth*, New York, 1966, 1978; *Black Skin, White Masks*, New York, 1967, 1982; Walter Rodney, *How Europe Underdeveloped Africa*, London, 1972, 1976, 1978; Philip D. Curtin, "The Black Experience of Colonialism and Imperialism", in Sidney W. Mintz (ed.), *Slavery, Colonialism and Racism*, New York, 1974, pp.17 – 29; J.F. Ade Ajayi and E.J. Alagoa, "Black Africa: The Historians' Perspective", in Mintz (ed.), *Slavery, Colonialism and Racism*, pp.125 – 134.

㉗ E.J. Alagoa (Ed.), *The Teaching of History in African Universities*, Accra, Association of African Universities, 1977.

㉘ Bogumil Jewsiewicki and David Newbury (eds.), *African Historiographies*, Part IV "Africa from within: National Historiographies", pp.179 – 235: Ethiopia by Robert S. Love; Nigeria by E.J. Alagoa and Paul E. Lovejoy; Senegal by Mohamed Mbodj, Mamadou Diouf, and Martin A. Klein; Zaire by Mumbanza Mwa Bawele and Sabakinu Kivilu.

㉙ Martin Jay and Jane Flax, Forum on Postmodernism, or, *The Cultural Logic of Late Capitalism*, by Fredric Jameson, in *History and Theory*, Vol. 32, No 3, 1993, pp.296 – 310.

㉚ Philip D. Curtin, *The Image of Africa: British Ideas and Action, 1780 – 1850*, Madison, 1964.

㉛ Curtin, *The Image of Africa*, pp.363 – 387: "The Racists and their opponents".

㉜ C.G. Seligman, *Races of Africa*, New York: Oxford University Press, Fourth Edition 1966. (First published 1930, Second Edition 1939, Third Edition 1957).

㉝ Seligman, *Races of Africa*, p.61. See Edith R. Sanders, "Hamitic hypothesis, its origin and functions in time perspective", *Journal of African History*, 10, 4 (1969), pp.521 – 532.

㉞ G.W. F. Hegel, *The Philosophy of History*, New York, 1956; A.P. Newton, "Africa and historical research", *Journal of the African Society*, 22 (1922 – 3); Hugh Trevor-Roper, "The Rise of Christian Europe", *The Listener*, 28 November, 1963, pp.871 – 1065.

㉟ Hegel, *The Philosophy of History*, pp.91, 98, 99.

㊱ Newton, "Africa and historical research", p.267.

㊲ Trevor-Roper, "The rise of Christian Europe", p.871.

㊳ J. D. Fage, "The development of African historiography", *General History of Africa I: Methodology and African Prehistory*, J. Ki-Zerbo (ed.), Unesco, 1981, pp.25 – 42; P.D. Curtin, "Recent trends in African historiography and their contribution to history in general", *General History of Africa I*, pp.54 – 71; Adam Jones, *Raw, Medium, Well Done*, Madison, 1987.

㊴ E.J. Alagoa, "Frobenius, Leo", in Lucian Boia (ed.), *Great Historians of the Modern Age*, New York, 1991, pp.2 – 4.

㊵ P.D. Curtin, "Recent trends", and Jan. Vansina, *Oral Tradition as History*, Madison, 1985; *Paths in the Rainforests: Towards a History of Political Tradition in Equatorial Africa*, Madison, 1990; *Living with Africa*, Madison, 1994.

㊶ Roy Preiswerk and Dominique Perrot, *Ethnocentrism and History: Africa, Asia and Indian America in Western Textbooks*, New York, 1978; C.C. Wrigley, "Historicism in Africa: Slavery and State formation", *African Affairs*, vol. 70, No 279, 1971, pp.113 – 124.

㊷ See J.F. Ade Ajayi and E.J. Alagoa, "Black Africa: The Historians' perspective", in Sydney W. Mintz (ed.), *Slavery, Colonialism, and Racism*, New York, 1974, pp.125 – 134; J.F. Ade Ajayi, "Historical Education in Nigeria", *Journal of the Historical Society of Nigeria*, Vol. 8, No 1, 1975, pp.3 – 8; J.F. Ade Ajayi and E.J. Alagoa, "Sub-Saharan Africa". in G.G. Iggers and H. T. Parker(eds.), *International Handbook of Historical Studies: Contemporary Research and Theory*, Westport, 1979, pp.403 – 418; E.J. Alagoa, "Towards a history of African historiography", in Lucian Boia (ed.) *Etudes d'Historiographie*, Bucharest, 1985, pp.53 – 64.

㊸ Rev Samuel Johnson, *The History of the Yorubas*, Lagos, 1921, 1937, 1956, 1957, 1960; Sir Apolo Kagwa, *Basekabaka be Buganda* (The Kings of Buganda), 1901, 1912, 1927; John William Nyakatura, *Abakama ba Bunyoro-Kitara* (The Kings of Bunyoro-Kitara), 1947; Solomon Tshekisho Plaattje, *Mhudi: An epic of South African Native Life a hundred Years Ago*, 1930; Rev Carl Christian Reindorf, *The history of the Gold Coast and Asante*, 1895, 1966; Akiga Sai, *Akiga's Story: The Tiv Tribe as seen by one of its members*, 1939, 1965; J.U. Egharevba, *A Short History of Benin*, 1934, 1960. For accounts of the life and work of these historians, except Egharevba, see E.J. Alagoa, in Lucian Boia (ed.), *Great Historians of the Modem Age: An International Dictionary*, New York, 1991, pp.4 – 11.

㊹ P.D. Curtin (ed), *Africa Remembered: Narratives by West Africans*, Madison and Ibadan, 1967, p.8.

㊺ Joseph E. Harris, *Africans and their history*, New York, 1972, pp.183 ff.

㊻ E.W. Blyden, *West Africa before Europe*, London, 1905; J.C. Casely-Hayford, *Ethiopia Unbound: Studies in Racial Emancipation*, London 1911; J.C. de Graft Johnson, *African Glory*, New York, 1954; *African Empires of the Past*, Paris: Presence Africaine, 1957.

㊼ J, O, Lucas, *The Religion of the Yorubas*, Lagos, 1948; *Religions in West Africa and Ancient Egypt*, Apapa, 1970; Cheikh Anta Diop, *Nations negres et Culture*, Paris: Presence Africaine, 1954; *L'Unite culturelle de l'Afrique Noire*, 1959; *L'Afrique Noire precoloniale*, 1960; *Anteriorite des civilisations negres. Mythe ou verite historique*? 1967; etc.

㊽ Arnold Temu and B. Swai, *Historians and Africanist History: A Critique*, London, 1981, XI.

㊾ Henry Slater, "Dar es Salaam and the post nationalist historiography of Africa", in B. Jewsiewicki and D. Newbury (eds.), *African Historiographies*, 1986, pp.250–251.

㊿ Obaro Ikime (ed.), *Groundwork of Nigerian History*, Ibadan: Heinemann for Historical Society of Nigeria, 1980.

(51) K. O. Dike, *Trade and politics in the Niger Delta, 1830–1885: an introduction to the economic and political history of Nigeria*, Oxford, 1956; S.O. Biobaku, *The Egba and their neighbours 1842–1872*, Oxford, 1957; J.D. Omer-Cooper, "The contribution of the University of Ibadan to the spread of the study and teaching of African history within Africa", *Journal of the Historical Society of Nigeria*, Vol. 10, No 3, 1980, pp.23–31; E.J. Alagoa, "Nigerian academic historians", in B. Jewsiewicki and D. Newbury (eds.), *African Historiographies*, 1986, pp.189–196; Paul E. Lovejoy, "Nigeria: The Ibadan School and its critics", Jewsiewicki and Newbury (eds.), 1986, pp.197–205.

(52) E.J. Alagoa, "Of Days, Bread, and Mushrooms: The Historian as Hero", First Dike Memorial Lecture of the Historical Society of Nigeria, Nsukka, May 1985; "Dike, Kenneth Onwuka" in Lucia Boia (ed.), *Great Historians of the Modern Age*, 1991, pp.1–2; Chieka Ifemesia (ed.), *Issues in African Studies and National Education: Selected Works of Kenneth Onwuka Dike*, Awka: Kenneth Onwuka Dike Centre, 1988.

(53) K.O. Dike, "African History and Self-Government", *West Africa*, February -March 1953, pp.177–178, 225–226, 251; "The Study of African History" in Lalage Bown and Michael Crowder (eds.) *The Proceedings of the First International Congress of Africanists*, Longman, 1964, pp.55–67; (with J.F. Ade Ajayi;) "African historiography", *International Encyclopaedia of the Social Sciences*, Vol. 6, 1968, pp.394–400; (with F. I. Ekejiuba) "Change and persistence in Aro oral history", *Journal of African Studies*, Vol. 3, No 3, 1975, pp.277–296; "The study of African History: The present position", Paper presented at the Third International Congress of Africanists, Addis Ababa, 1973, in Ifemesia, 1988, pp.92–101; "African history twenty-five years ago and today", *Journal of the Historical Society of Nigeria*, Vol. 10, No 3, 1980, pp.13–22.

(54) Dike, "African history and self-government", 1953; M. Perham, "The British Problem in Africa", *Foreign Affairs*, 1951.

(55) K.O. Dike and Felicia Ekejiuba, *The Aro of south-eastern Nigeria 1650–1980: A study of socio-economic formation and transformation in Nigeria*, Ibadan: University Press Ltd., 1990.

(56) A. B. Aderibigbe, "Biobaku: The scholar and his works" in G.O. Olusanya (ed.), *Studies in Yoruba History and Culture: Essays in Honour of Professor S. 0. Biobaku*, Ibadan, 1983, p.20.

(57) Toyin Falola (ed.), *African historiography: Essays in Honour of Jacob Ade Ajayi*, Longman, 1993; J.F. Ade Ajayi, "Historical Education in Nigeria", *Journal of the Historical Society of Nigeria*, Vol. 8, No 1, 1975, pp.3–8.

(58) Martin Klein, "The development of Senegalese historiography", pp.215–223; Mohamed Mbodj and Mamadou Diouf, "Senegalese Historiography: Present Practice and Future perspectives", pp.207–214, in Jewsiewicki and Newbury, (eds.), *African Historiographies*, 1986.

(59) Mbodj and Diouf, "Senegalese Historiography", pp.208–209.

(60) Society of African Culture, "The death of Cheikh Anta Diop", *Presence Africaine*, No 136, 4th Quarter, 1985, pp.8－9.

(61) Mumbaza Mwa Bawele and Sabakinu Kivilu, "Historical Research in Zaire: Present status and Future perspectives", B. Jewsiewickie and D Newbury (eds.), *African Historiographies*, 1986, p.225.

(62) Bawele and Kivilu, "Historical Research in Zaire", p.226.

(63) Benoit Verhaegen, "The method of histoire immediate: its application to Africa", Jewsiewicki and Newbury (eds.), *African Historiographies*, 1986, p.227

(64) Bawele and Kivilu, "Historical Research in Zaire", p.230

(65) Balam Nyeko, "The importance of southern African history in the school curriculum: a synthesis", Unesco, *The Historiography of Southern Africa*, 1980, p.57.

(66) N.M. Bhebe, "History research in Swaziland", Unesco, *The Historiography of Southern Africa*, 1980, p.73. See p.85 for the Vice Rector's remarks.

(67) Elleck K. Mashingaidze, "The promotion of the study of history at the National University of Lesotho", Unesco, *The Historiography of Southern Africa*, 1980, pp.66－70. The author was D. Phil (York), the other African members of the department were S. I. Mudenge, PhD (London), and L.B.J. Machobane, MEd (Tuskegee) amd MA (LeHigh).

(68) J.B. Webster, "History research in Malawi", Unesco, *The historiography of southern Africa 1980*, pp.71－72. The department had the scholars O.J. Kalinga and Kings Phiri.

(69) B.S. Krishnamurthy, "History research at the University of Zambia", Unesco, *The historiography of southern Africa*, 1980, pp.81－82. The expatriates included Dr. Leroy Vail and Dr. Clarence Smith.

(70) Gerald Bender and Allen Isaacman, "The changing historiography of Angola and Mozambique", In Christopher Fyfe (ed.), *African Studies Since 1945: A Tribute to Basil Davidson*, London, 1976, pp.220－248.

(71) L.M. Thompson, "Afrikaner Nationalist Historiography and the Policy of' Apartheid", *Historians in Tropical Africa*, Salisbury, 1962, pp.371－386.

(72) David Chanaiwa, "Historiographical traditions of southern Africa", Unesco, *The historiography of Southern Africa*, 1980, pp.25－44.

(73) Shula Marks, "The historiography of South Africa: Recent developments", in B. Jewsiewicki and D. Newbury (eds.), *African Historiographies*, 1986, p.170.

(74) Bethwell A. Ogot, "Preface", *Hadith 1*, 1968, pp.v. Compare *Tarikh* for the teachers' journal of the Historical Society of Nigeria.

(75) A. B Aderibigbe, "Biobaku: The Scholar and his works", The G.O. Olusanya (ed.), *Studies in Yoruba History and Culture*, 1983, p.9; B.A. Ogot, *A History of the Southern Luo*, Nairobi, 1967.

(76) B.A. Ogot, "Some approaches to African history", *Hadith 1*, 1968, pp.1－9.

(77) Henry Slater, "Dar es Salaam and the post nationalist historiography of Africa", B. Jewsiewicki and D. Newbury (eds.), *African Historiographies*, 1986, p.253; I.N. Kimambo and A.J. Temu (eds.), *A History of Tanzania*, 1969.

(78) A.J. Temu and B. Swai, "Old and New themes of African history since the 1960s: the Case

of Tanzanian Historiography", in E.J. Alagoa (ed.), *The Teaching of History in African Universities*, 1977, p.92, citing I. N. Kimambo, "Historical Research in Tanzania", Dar es Salaam, 1968.

⑦ Walter Rodney, *How Europe Underdeveloped Africa*, London, 1972, 1976, 1978; Arnold Temu and B. Swai, *Historians and Africanist History*, London, 1981.

⑧ Henry Slater, "Dar es Salaam and the postnationalist historiography of Africa", p.255; Rodney, *How Europe Underdeveloped Africa*, p.7.

⑧ A. Temu and B. Swai, *Historians and Africanist History*, p.52.

⑧ H. Bernstein and J. Depelchin, "The Object of African History: a Materialist Perspective", *History in Africa*, Vol. 5, 1978, pp.1−9; Vol. 6, 1979, pp.17−43; H. Slater, "Dar es Salaam...", pp.257−58, citing Wamba dia Wamba, "Brief theoretical comments on the quest for materialist history: concerning the article, 'The object of African History'", Dar es Salaam, 1980; Robin Law, "For Marx but with reservations about Althusser: a comment on Bernstein and Depelchin", *History in Africa*, Vol. 8, 1981, pp.247−251.

⑧ Ndaywell E Nziem, "African historians and Africanist historians", B. Jewsiewicki and D. Newbury (eds.), *African Historiographies*, 1986, pp.20−27; T.O. Ranger (ed.), *Emerging Themes of African History*, 1968, "Introduction", p.XXI.

⑧ Ralph A. Austen, "'Africanist' historiography and its critics: can there be an autonomous African history?", Toyin Falola (ed), *African Historiography*, 1993, pp.208−211.

⑧ Vol. 19, No 1, 1985, *Canadian Journal of African Studies*, p.174.

⑧ Gavin Kitching, "Suggestions for a fresh start on an exhausted debate", *Canadian Journal of African Studies*, Vol. 19, No 1, 1985, p.118.

⑧ E.J. Alagoa, "Communicating African History", *Storia della Stotiografia*, 15, 1989, pp.75−89.

⑧ Ayi Kwei Armah, "Masks and Marx: The Marxist Ethos vis-à-vis African Revolutionary Theory and Praxis", *Presence Africaine*, No 131, 1984, pp.60−65. One might add Waiter Rodney to the list of practical revolutionaries.

第六章

① Claude Levi-Srauss, *The Savage Mind*, Chicago, 1966.

② Levi-Strauss, 1966, p.232.

③ Levi-Strauss, 1966, p.233.

④ Levi-Strauss, 1966. pp.234, 236.

⑤ Levi-Strauss, 1966, p.242.

⑥ Levi-Strauss, *Structural Anthropology*, pp.265−6. See Terence Hawkes, *Structuralism and Semiotics*, Methuen & Co. Ltd., 1977, pp.49−50,

⑦ Madan Sarup, *Post-Structuralism and Postmodernism*, 1988, pp.41−45.

⑧ Frantz Fanon, *The Wretched of the Earth*, 1961; *Black Skin, White Masks*, 1982.

⑨ Walter Rodney, *How Europe Underdeveloped Africa*, 1972.

⑩ I.D. Keita, "Alienation, Philosophy and the African Problematic", *Kiabara*, Vol. 5, No.2, 1982, pp.115−123.

⑪ Jewsiewicki Newbury (eds.), *African Historiographies. What History for Which Africa*,

"Introduction", pp.9 – 17; E.J. Alagoa, "Communicating African History", *Storia della Storiografia*, 15, 1989, pp.75 – 89.

⑫ Frantz Fanon, *Black Skin, White Masks*, p.10; E.J. Alagoa, "African Oral Tradition from Within and Without", in E.J. Alagoa (eds.), *Oral Tradition and Oral History in Africa and the Diaspora: Theory and Practice*, 1991, pp.2 – 8.

⑬ Jan Vansina, *Paths in the Rainforests: Toward a History of Political Tradition in Equatorial Africa*, 1990, pp.257 – 260.

⑭ Vansina, *Paths in the Rainforests*, p.251.

⑮ Vansina, *Paths in the Rainforests*, p.260.

⑯ Hayden White, *The Content of the Form: Narrative Discourse and Historical Representation*, 1989, Preface, p.xi.

⑰ Fernand Braudel, *On History*, 1980, pp.4 – 5.

⑱ W.G. Clarence-Smith, "For Braudel: a note on the 'Ecole des Annales' and the Historiography of Africa", *History in Africa* 4(1977), pp.275 – 281; Jan Vansina, "For oral tradition (But not against Braudel)", *History in Africa*, 5(1978), pp.351 – 56.

⑲ F.R. Ankersmit, "The Dilemma of Contemporary Anglo-Saxon Philosophy of History", *History & Theory*, Vol. 25, *Beiheft* 25, 1986, pp.1 – 27; "Historiography and Postmodernism", *History & Theory*, Vol. 28, No. 2, 1989, pp.137 – 153.

⑳ Hayden White, *The Content of the Form*, p.xi.

㉑ Frantz Fanon, *The Wretched of the Earth*, 1978, pp.315 – 316.

129

◀ 参 考 文 献 ▶

Adams, R.F.G. "Oberi Okaime: a new African language and script", *Africa*, 1947.

Aderibigbe, A. B. "Biobaku: the scholar and his works", G.O. Olusanya, (editor), *Studies in Yoruba History and Culture*, 1983, pp.4－25.

Aiello, Leslie C. "The fossil evidence for modern human origins in Africa: a revised view", *American Anthropologist*, Vol. 95, No 1, 1993, pp.73－96.

Ajayi, J.F. Ade, "Historical education in Nigeria", *Journal of the Historical Society of Nigeria*, Vol. 8, No 1, 1975, pp.3－8.

Ajayi, J.F. Ade & E.J. Alagoa, "Black Africa: The historian's perspective", *Daedalus*, Vol. 103, No 2, 1974, pp.125－134.

Ajayi, J. F. Ade & E.J. Alagoa, "Sub-Saharan Africa", *International Handbook of Historical Studies: Contemporary Research and Theory*, edited by G.G. lggers & H.T. Parker, Westport, 1979, pp.403－418.

Alagoa, E.J. "Ama-teme-suo Kule", in *Comparative Literature and Foreign languages in Africa today: Collection of essays in honour of WIlfried F. Feuser*, edited by Tunde Okanlawon. Port Harcourt, 1988, pp.102－104.

Alagoa, E.J. "Delta Masquerades", *Nigeria Magazine*, No 93. 1967, pp.145－155.

Alagoa, E.J. "Idu: a creator festival at Okpoma (Brass) in the Niger Delta", *Africa*, Vol. 34, No 1, 1964, pp.1－8.

Alagoa, E.J. "Ijo drumlore", *African Notes* (Ibadan), Vol. 6, No.2, 1971, pp.61－71.

Alagoa, E.J, "Riddles in Nembe", *Oduma*, (Port Harcourt), Vol 2, 1975, pp.17－21.

Alagoa, E.J. "Nembe: the city idea in the Eastern Niger Delta", *Cahiers d'etudes Africaines*, Vol. XI, No 42, 1971, pp.327－331,

Alagoa, E.J. "The Nigerian community of academic historians" in *African Historiographies*, edited by B. Jewsiewicki & D. Newbury, 1986, pp.189–196.

Alagoa, E.J. *Noin Nengia, Bere Nengia: Nembe n'akabu/More Days, More Wisdom: Nembe Proverb*. Port Harcourt: Delta Series no 5, University of Port Harcourt press, 1986.

Alagoa, E.J. *Of Days, Bread and Mushrooms: The Historian as Hero*. First Dike Memorial Lecture, in "Dike Remembered, African Reflections on History: Dike Memorial Lectures, 1985–1995". Port Harcourt: The University of Port Harcourt Press for the Historical Society of Nigeria, 1998.

Alagoa, E.J. *Oral Tradition and Oral History in Africa and the Diaspora: Theory and Practice*. Lagos: Centre for Black and African Arts and Civilization for Nigerian Association for Oral History and Tradition, 1990.

Alagoa, E.J. "Songs as historical data: examples from the Niger Delta", *Research Review* (Legon), Vol. 5, No 1, 1968, pp.1–16.

Alagoa, E.J. "The encounter between African and western historiography before 1800", *Storia della Storiografia*, 19. 1991, pp.73–87.

Alagoa, E.J. *The python's eye: The past in the living present*. Port Harcourt: University of Port Harcourt Press, 1981.

Alagoa, E.J. "The use of oral literary data for history: examples from the Niger Delta proverbs", *Journal of American Folklore*, Vol. 8 No 321, 1968, pp.235–242.

Alagoa, E.J. *Okpu: Ancestral Houses in Nembe and European Antiquities on the Brass and Nun Rivers of the Niger Delta*. Port Harcourt: Onyoma Research Publications, 2001.

Ankersmit, F.R. "Historiography and Postmodernism", *History and Theory*, Vol. 28, No 2, 1989, pp.137–153.

Ankersmit, F.R. *Narrative Logic: A semantic analysis of the historian's language*. The Hague: Martinus Nijhoff Publishers, 1983.

Ankersmit, F.R. "The dilemma of contemporary Anglo-Saxon philosophy of history", *History and Theory*, Vol. 25, Beiheft 25, 1986, pp.1–27.

Appiah, Kwame Anthony, *In my father's house: Africa in the Philosophy of Culture*, Oxford University Press, 1992.

Armah, Ayi Kwei, "Masks and Marx: The Marxist Ethos vis-a-vis African revolutionary theory and Praxis", *Presence Africaine*, No 131, 1984, pp.35 – 65.

Barley, Nigel. *Foreheads of the dead: An anthropological view of Kalabari ancestral screens*. London, 1988.

Barros, J. de (1552 – 1613). *Da Asia*. Lisbon: Vol. 1, 1552.

Barton, I.M. *Africa in the Roman Empire*. Accra: Ghana Universities press, 1972.

Bawele, Mumbaza Mwa & Sabakinu Kivilu. "Historical research in Zaire: Present status and future perspectives", in B. Jewsiewicki & D. Newbury, (eds.), *African Historiographies*, 1986, pp.224 – 234.

Bender, Gerald & Allen Isaacman. "The changing historiography of Angola and Mozambique", in Christopher Fyfe (ed.), *African studies since 1945*: *a tribute to Basil Davidson*, London: Longman, 1976, pp.220 – 248.

Bennett, N.R. "The Arab Impact", in B.A.Ogot (ed.), *Zamani: a survey of East African History*, Nairobi, 1968, pp.210 – 228.

Bernal, Martin. *Black Athena: The Afroasiatic Roots of Classical Civilization. Vol. I: The Fabrication of ancient Greece 1785 – 1985. Vol. II: The Archaeological and Documentary Evidence*. New Brunswick, NJ: Rutgers University Press, 1987/1991.

Bernstein, Henry & Jacques Depelchin. "The object of African History-a materialist perspective", *History in Africa*, Vol. 5, 1978, pp.1 – 19. Vol. 6, 1979, pp.17 – 43.

Bianquis, T. "Egypt from the Arab conquest until the end of the Fatimid state (1171)" in M. El Fasi & I. Irbek (eds.), *Unesco General History of Africa, III. Africa from the seventh to the eleventh century*. 1988, pp.163 – 193.

Biobaku, S.O. "Myths and Oral History", *Odu: Journal of Yoruba and Related Studies*, 1, January 1955, pp.12 – 17.

Biobaku, S.O. *The Origin of the Yoruba*. Lagos: Federal Information Service, 1955.

Biobaku, S.O. "The Yoruba Historical Research Scheme", *Journal of the Historical Society of Nigeria*, 1, December 1956, pp.59 – 60.

Biobaku, S.O. "The problem of traditional history with special reference to Yoruba traditions", *Journal of the Historical Society of Nigeria*, l, December 1956, pp.43 – 47.

Biobaku, S.O. *The Egba and their neighbours 1842–1872*. London, 1957.

Biobaku, S.O. (editor), *Sources of Yoruba history*. Oxford: Clarendon Press, 1973.

Biobaku, S.O. "The wells of West African History", *West African Review, 24 January 1953, pp.18–19.*

Bloch, Maurice. "Astrology and writing in Madagascar", in Jack Goody (ed.), *Literacy in Traditional Societies*. Cambridge: Cambridge University Press, 1968, pp.277–297.

Bodurin, P.O. (editor). *Philosophy in Africa. Trends and Perspectives*. ILe Ife, 1958.

Braudel, Fernand. *The Mediterranean and the Mediterranean world in the Age of Philip II*. (tr. Sian Reynolds), 2 volumes. [*Le Mediterranee et le Monde Mediterraneen a l'Epoque de Philippe II*, 1949] Fontana/Collins: 1972, 1975, 1981.

Braudel, Fernand. *On History*. (tr. Sarah Matthews), [*Ecrits sur l'histoire*]. London: Weidenfeld and Nicolson, 1980.

Breasted, James Henry. *The Dawn of Conscience*. New York: Charles Scribner's sons, 193311968.

Brett, Michael. "The Arab conquest and the rise of Islam in North Africa", in J.D. Fage (ed.), *The Cambridge History of Africa. Vol. 2, From c. 500 BC to AD 1050*. Cambridge: Cambridge University Press, 1978, pp.490–555.

Bull, Ludlow. "Ancient Egypt", in *The Idea of History in the Ancient Near East*, edited by Julian Oberman *et al*. New Haven; Yale University Press, 1955, pp.3–33.

Butterfield, Herbert. *The Origins of History*. Edited with an introduction by Adam Watson. New York: Basic Books, Inc. 1981.

Buttner, Thea. "Aspects and Roots of African historiography: The encounter or dialogue with Western historical writing and thinking", *Storia della Storiografia*, 19, 1991, pp.111–116.

Cerulli, E. "Ethiopia's relations with the Muslim World", in *General History of Africa III. Africa from the 7th to the 11th century*. ed. M. El Fasi & I. Irbek, 1988, pp.575–585.

Chanaiwa, David. "Historiography traditions of Southern Africa", *The Historiography of southern Africa*, Proceedings of the experts meeting held at

Gaborone, Botswana from 7 – 11 March 1977. Unesco 1980, pp.25 – 44.

Chittick, Neville. "The coast before the arrival of the Portuguese", in B.A. Ogot (ed.), *Zamani: a survey of East African History*. Nairobi, 1968, 1973, pp.98 – 114.

Chittick Neville. "Kilwa and the Arab settlement of the East African coast", in J.D. Fage & R.A. Oliver (eds.), *Papers in African Prehistory*. London, 1970, 1974, pp.239 – 256, from *Journal of African History*, *IV*, *2*, 1963, pp.179 – 190.

Chittick Neville. "The 'Shirazi' colonization of East Africa", Fage & Oliver (eds.), *Papers in African Prehistory*. London, 1970, 1974, pp.257 – 276, from *Journal of African History*, *VI*, *3*, 1965, pp.263 – 273.

Clarke, Peter B. *West Africa and Islam: A Study of religious development from the 8th to the 20th century*. London: Edward Arnold, 1982.

Collingwood, R.G. *The Idea of History*. London, 1946.

Curtin, Philip D. (ed.). *Africa Remembered: Narratives by West Africans*. Madison: The University of Wisconsin Press, 1967.

Curtin, Philip D. "Recent trends in African historiography and their contribution to history in general", in *General History of Africa. I. Methodology and African Prehistory*. J. Ki-Zerbo (ed.), Unesco, 1981, pp.54 – 71.

Curtin, Philip D. *The Image of Africa: British Ideas and Action*, *1780 – 1850*. Madison: The University of Wisconsin Press, 1964.

Davidson, Basil. *Old Africa Rediscovered*. London: Victor Gollancz Ltd, 1960.

Davies, W.V. *Reading the Past*, *Egyptian Hieroglyphs*. University of California Press/British Museum, 1987.

Dayrell, E. "Further notes on 'Nsibidi' signs with their meanings from the Ikom District, Southern Nigeria", *Journal of the Royal Anthropological Institute*, Vol. 41, 1911, pp.521 – 540 + 3 plates.

Dayrell, E. "Sorne 'Nsibidi' signs", *Man*, Vol. 10, 1910, pp.113 – 115.

Dentan, R.C. (ed). *The Idea of History in the Ancient Near East*. Yale University Press, 1955.

Dike, K.O. "African History and Self-Government", *West Africa*, No 37: Feb. 28, 1953, pp.177 – 178; March 14, 1953, pp.225 – 26; March 21, 1953, p.251.

Dike, K.O. "African history twenty-five years ago and today", *Journal of the Historical Society of Nigeria*, *Vol. 10*, No 3, 1980, pp.13 – 22.

Dike, K.O. "The study of African History", *Proceedings of the First International Congress of Africanists, Accra*, 1962. London: Longman, 1964.

Dike, K.O. T*rade and politics in the Niger Delta 1830 – 1885*: *An introduction to the economic and political history of Nigeria*. Oxford, 1956.

Dike, K.O. & J.F. Ade Ajayi. "African historiography", *International Encyclopaedia of the Social Sciences*, Vol. 6, 1968, pp.399 – 400.

Dike, K.O. & F.I. Ekejiuba. *The Aro of south-eastern Nigeria 1650 – 1980: a study of socio-economic formation and transformation in Nigeria*. Ibadan: University Press Ltd., 1990.

Dike, K.O. & F.I. Ekejiuba. "Change and persistence in Aro oral history", *Journal of African Studies*, Vol. 3, No 3, 1976, pp.277 – 296.

Diop, Cheikh Anta. *Anteriorite des civilisations negres: Mythe ou verite historique*? Paris: Presence Africaine, 1967.

Diop, Cheikh Anta. *Civilization or Barbarism*? *An authentic anthropology*. Paris: Presence Africaine, 1981. New York: Lawrence Hill Books, 1991.

El Fasi, M. & I. Hrbeck. "Stages in the development of Islam and its dissemination in Africa", *Unesco General History of Africa, III, African from the 7th to the 11th century*, 1988, pp.56 – 91.

Ekwulo, S.A. *Elulu Ikwere: Ikwere Proverbs*. Port Harcourt: Rivers State Council for Arts and Culture, 1975.

Erman, Adolf. *The Ancient Egyptians: A sourcebook of their writing*. [tr. Aylward M. Blackman (1927). Introduction William Kelly Simpson (1966)]. Harper Touchbooks, The Academy Library, New York, 1966.

Fage, J.D. "The development of African historiography", *Unesco General History of Africa, 1, Methodology and African Prehistory*. J. Ki-Zerbo (ed.), 1981, pp.25 – 42.

Fahnbulleh, Fatima M. "The seminar on standardization of the Vai script", *University of Liberia Journal*, January 1963, pp.15 – 37.

Falola, Toyin (ed.). *African Historiography: Essays in honour of Jacob Ade Ajayi*. Ikeja: Longman, 1993.

Finnegan, Ruth. *Oral Literature in Africa*. Nairobi, Oxford University Press, 1970, 1976, 1977.

Freeman-Grenville, G.S.P. *The East African Coast: Select documents from the first to the earlier nineteenth century*. Oxford: Clarendon Press, 1962.

Frend, W.H.C. "The Christian period in Mediterranean Africa, c. AD 200 to 700", J.D. Fage (ed.), *The Cambridge History of Africa, Vol. 2: From c. 500 BC to AD 1050*. Cambridge: Cambridge University Press, 1978. pp.410–489.

Gardiner, Sir Alan. *Egypt of the Pharaohs: An Introduction*. London: Oxford University Press, 1961.

Gardiner, P. (ed.). *The Philosophy of History*. Oxford, 1974

Gaur, Albertine. *A History of Writing*. London: The British Library, 1984, 1987.

Gelb, I.J. *A Study of writing: The foundations of grammatology*. Chicago: The University of Chicago press, 1963.

Goodman, Lenn Evan. "Ibn khaldun and Thucydides", *Journal of the American Oriental society*. Vol. 92, No 2, 1972, pp.250–270.

Goody, Jack (ed.). *Literacy in Traditional Societies*. Cambridge, 1968.

Goody, Jack. "Restricted literacy in northern Ghana", in *Literacy in Traditional Societies*, edited by Jack Goody. Cambridge, 1968, pp.198–264.

Greenberg, Joseph H. *The Languages of Africa*. Bloomington: Indiana University, 1963.

Greenberg, Joseph H. "Linguistic evidence for the influence of the Kanuri on the Hausa", *Journal of African History. 1, 2*, 1960, pp.205–212.

Griaule, M. *Conversations with Ogotemmeli*. Oxford, 194811965.

Haley, Alex. *Roots*. New York: Doubleday, 1976.

Hall, H.R. "The eclipse of Egypt", *The Cambridge Ancient History*. Cambridge 1970, Vol. HI, editors: J.B. Bury, S.A. Cook, F.E. Adcock, pp.251–269.

Harden, Donald. *The Phoenicians*. Penguin Books, 1980.

Harris, Joseph E. *Africans and their history*. New York: Mentor Books, 1972.

Hasan, Yusuf Fadl. "The penetration of Islam in the Eastern Sudan", in I.M. Lewis (ed.), *Islam in Tropical Africa*. London: Oxford University Press, 1966, pp.144–159.

Hasan, Y.F. & B.A. Ogot. "The Sudan, 1500–1800", in B.A. Ogot (ed.), *Unesco General History of Africa, V. Africa from the 16th to the 18th century*. 1992, pp.170–199.

Hau, Kathleen. "A royal title on a Palace Tusk from Benin (Southern Nigeria)", *Bulletin de l'IFAN*. Vol. XXVI, ser B. Nos. 1－2, 1964, pp.21－39.

Hau, Kathleen. "Evidence of the use of pre-Portuguese written characters by the Bini", *Bulletin de l'IFAN*. Vol. XXI, ser B, Nos. 1－2, 1959, pp.109－154.

Hau, Kathleen. "Oberi Okaime script, texts and counting system", *Bulletin de l'Institut Fondamental d'Afrique Noire*, Vol. XXVI ser B, Nos. 1－2, 1961, pp.291－308.

Hau, Kathleen. "Pre-Islamic writing in West Africa", *Bulletin de l'IFAN*. Vol. XXXV, ser B, No 1, 1973, pp.1－45.

Hau, Kathleen. "The ancient writing of southern Nigeria", *Bulletin de l'IFAN*, Vol. XXIX, ser B, Nos. 1－2, 1967, pp.150－189.

Heintze, Beatrix & Adam Jones (eds.). *European sources for sub-Saharan Africa before 1900*: *Use and Abuse*. Paideuma, No. 33, 1987. Stuttgart: Franz Steiner Verlag Wiesbaden for Frobenius Institut, Frankfurt.

Herodotus. *The Histories*. (tr. Aubrey de Selincourt, revised by A.R. Burn). Penguin Books, 1954, 1972.

Hiskett, M. "The 'Song of Bagauda': A Hausa King List and Homily in verse", *Bulletin of the School of Oriental and African Studies*, XXVII, 1964, 540－567; XXVIII 1965, pp.112－135, 363－385.

Hodgkin, Thomas. "The Islamic literary tradition in Ghana", in I.M. Lewis (ed.), *Islam in Tropical Africa*. London, 1966, pp.42－462.

Hodgkin, Thomas. (ed.). *Nigerian Perspectives: An historical anthology*. London: 1960.

Holt, P.M. "Egypt, the Funj and Darfur", in Richard Gray (ed.), *The Cambridge History of Africa Vol. 4*: *From c. 1600 to c. 1740*. Cambridge, 1975, pp.14－57.

Horton, Robin. *The Gods as Guests: An Aspect of Kalabari Religious Life*. Lagos, 1960.

Horton, Robin. "The Kalabari Ekine society: a borderland of religion and art", *Africa*, Vol. 33, No 2, 1963, pp.44－114

Idris, R. "Society in the Maghrib after the disappearance of the Almohads", *Unesco General History of Africa*, IV, 1984, pp.*102－116*.

Ifemesia, Chika (ed.), *Issues in African Studies and National Education: Selected Works of Kenneth Onwuka Dike*. Awka: Kenneth Onwuka Dike Centre,

1988.

Iggers, Georg & Harold T. Parker (eds.). *International Handbook of Historical Studies*; *Contemporary Research and Theory*. Westport: Greenwood Press, 1979.

Ikime, Obaro (ed.). *Groundwork of Nigerian History*. Ibadan: Heinemann Educational Books Ltd. for the Historical Society of Nigeria, 1980.

Ilevbare, J.A. *Carthage, Rome, and the Berbers*. Ibadan: University of Ibadan Press, 1980.

Isma'il, O.S.A. "Some reflections on the literature of the Jihad and the Caliphate", Y.B. Usman (ed.), *Studies in the History of the Sokoto Caliphate*. Zaria: 1979, pp.165 – 180.

Jay, Martin & Jane Flax. "Forum", review of *Postmodernism, or the Cultural Logic of Late capitalism* by Frederic Jameson. Durham: Duke University Press, 1991, in *History & Theory*, 32, 3, 1993, pp.296 – 310.

Jewsiewicki, Bogumil & David Newbury (eds.). *African Historiographies: What History for Which Africa*? Beverly Hills: Sage Publications, 1986.

Jones, Adam. *Raw, Medium, Well Done: A critical review of editorial and quasi-editorial work on pre-1885 European sources for sub-Saharan Africa, 1960 – 1986*. Madison: African Studies Program, University of Wisconsin, 1987.

Kagame, A. *La philosophie Bantu-Rwandaise de l'etre. Brussels, 1956*.

Kani, Ahmed M. "Aspects of historiographical development in the Sokoto Caliphate up to 1860", Congress of the Historical Society of Nigeria, Sokoto, May 1991, 10 pages.

Kani, Ahmed M. "The rise and influence of scholars in Hausaland before 1804", *Kano Studies*, NS 1981, pp.47 – 69.

Kiebel C.B. "Memory sticks and other mnemonic devices", *The Nigerian Field*, Vol. 55, Parts 3 – 4, October, 1990, pp.91 – 98.

Kimambo, I.N. & A.J. Temu (eds.). *A History of Tanzania*. Nairobi: East African Publishing House, 1969.

Kimambo, I.N. *A Political history of the Pare of Tanzania, c. 1500 – 1900*. Nairobi: East African Publishing House, 1969.

Klein, Martin. "The development of Senegalese historiography", in B. Jewsiewicki & D. Newbury (eds.), *African Historiographies*, 1986, pp.215 – 223.

Ladurie, E. Le Roy. Montaillou: *Cathars and Catholics in a French village 1294–1324*. (tr. Barbarce Bray), Penguin Books, 1980, 1981.

Ladurie, E. Le Roy. *The Territory of the Historian*. [*Le territoire de l'historien 1973*, tr. Ben & Sian Reynolds]. The Harvester Press/University of Chicago, 1979.

Law, Robin. "For Marx But with reservations about Althusser: a comment on Bernstein and Depelchin", *History in Africa*, Vol. 8, 1981, pp.247–251.

Leclant, Jean. "The present position in the deciphering of Meroitic script". *The Peopling of ancient Egypt and the deciphering of Meroitic script*. Paris: Unesco, 1974, pp.107–119.

Levtzion, Nehemia. *Ancient Ghana and Mali*. London: Methuen & Co. Ltd., 1973.

Levtzion, N. & J.F.P. Hopkins (eds.). *Corpus of early Arabic sources for West African history*. London: Cambridge University Press, 1981.

Lewicki, T. *Arabic external sources for the history of Africa to the south of Sahara*. London: Curzon Press Ltd., 1969/Lagos: African Universities Press/Pilgrim Books Ltd., 1974.

Lewicki, T. "The role of the Sahara and Saharians in relations between north and south", *Unesco General History of Africa, III: Africa from the 7th to the 11th century, 1988*, pp.276–313.

Lewis, Herbert S. "The origins of the Galla and Somali", *Journal of African History*, 7, 1, 1966, pp.27–46.

Lewis, I.M. (ed.). *Islam in Tropical Africa: studies presented and discussed at the 5th International African Seminar. Ahmadu Bello University. Zaria, January 1964*. London: Oxford University Press for the International African Institute, 1966.

Lewis, I.M. "Literacy in a nomadic society: the Somali case", Jack Goody (ed.), *Literacy in traditional societies*, 1968, pp.265–276.

Lewis, I.M. "The Somali conquest of the Horn of Africa", *Journal of African History*, 1, 2, 1960, pp.213–229.

Lovejoy, Paul E. "Nigeria: the Ibadan school and its critics", B Jewsiewicki & D. Newbury (eds.). *African Historiographies*, 1986, pp.197–205.

Macgregor, J.K. "Some notes on Nsibidi", *Journal of the Royal Anthropological Institute*, vol. 39, 1909, pp.209–219.

Mahdi, Muhsin. *Ibn Khaldun's Philosophy of History: a study in the philosophic foundations of the Science of Culture*. Chicago: The University of Chicago Press, 1964, 1971.

Makdisi, George. "The diary in Islamic historiography: some notes", *History and Theory*, vol. 25, no 2, 1986, pp.173－185.

Marks, Shula. "The historiography of South Africa: recent developments", B. Jewsiewicki & D. Newbury (eds.), *African Historiographies*, pp.165－176.

Mauny, Raymond. "Trans-Saharan contacts and the Iron age in West Africa", *The Cambridge History of Africa, Vol. 2, From c. 500 BC to AD 1050* edited by J.D. Fage, 1978, pp.272－341.

Mbodj, Mohamed & Mamadou Diouf. "Senegalese historiography: present practice and future perspectives", B. Jewsiewicki & D. Newbury (eds.), 1986, pp.207－214.

Mekouria, T.T. "The Horn of Africa", *Unesco General History of Africa, III, Africa from the 7th to the 11th century*, ed. M. El Fasi & I. Urbek, 1988, pp.558－574.

Miller, J.C. (ed.). *The African Past Speaks: Essays in Oral Tradition and History*. Wm. Dawson/Archon Books, 1980.

Momigliano, A. "The Place of Herodotus in the history of historiography", *History*, XLIII, 1958, pp.1－3.

Mudimbe, V.Y. *The invention of Africa: Gnosis, philosophy and the order of knowledge*. Bloomington, Indianapolis, London, 1988.

Musa, I.U.A. "The rise of Muslim Sudanic historiography in Bilad as-Sudan: a tentative analysis", 23rd Congress of Historical Society of Nigeria, Zaria, April, 1978.

Oberman, Julian. "Early Islam", *The Idea of history in the ancient Near East*, R.C. Dentan (ed.). New Haven, 1955, pp.238－376.

O'Fahey, R.S. & J.L. Spaulding. *Kingdoms of the Sudan*. London: Methuen & Co. Ltd., 1974.

Ogot, Bethwell A. *A History of the southern Luo*. Nairobi: East African Publishing House, 1967.

Ogot, Bethwell A. "Some approaches to African History: Presidential Address to the annual conference of the Historical Association of Kenya", *Hadith 1*, 1968, pp.1 – 9.

Ojoade, J.O. "God in Nigerian proverbs", *The Nigerian Field*, vol. 43, 1978, pp.171 – 177.

Ojoade, J.O. "Some Itsekiri proverbs". *The Nigerian Field*, vol. 45. No 213, 1980, pp.91 – 96.

Ojoade, J.O. "Proverbs as a mirror of Birom life and thought". *The History of Plateau State of Nigeria*. E. Isichei (ed). London, 1982, pp.85 – 89.

Ojoade, J.O. "Proverbial evidence of African legal customs". *International Folklore Review*, vol. 6, 1988, pp.26 – 38.

Ojoade, J.O. "Some Kuteb aphorisms". *The Nigerian Field*, vol. 42, 1982, pp.52 – 61.

Okpewho, Isidore. *The Epic in Africa*. New York, Columbia University Press, 1979.

Okpewho, Isidore. (ed.) *The Oral Performance in Africa*. Ibadan, Spectrum Books, 1990.

Olusanya, G.O. (ed.). *Studies in Yoruba history and culture. Essays in honour of Professor S.O. Biobaku*. Ibadan: University Press Ltd., 1983.

O'Neil, W.M. *Time and Calendars*. Manchester: Manchester University Press, 1975.

Opuogulaya, E.D.W. *The Culture of the Wakirike* (*The Okrika People*). Port Harcourt; Rivers State Council for Arts and Culture, 1975.

Palmer, H.R. (ed. & tr). *The history of the first twelve years of the reign of Mai Idris Alooma of Borno, 1571 – 1583, by his Imam, Ahmad Ibn Fartua. Together with the 'Diwan of the Sultans of Borno and 'Girgam' of the Maigumi*. Lagos: Government Printer, 1926; London: Frank Cass & Co. Ltd. 1970.

Palmer, H.R. *Sudanese Memoirs: Being mainly translations of a number of Arabic manuscripts relating to the Central and Western Sudan*. London: Frank Cass & Co. Ltd., 1967, 3 volumes.

Parker, Richard A. *The Calendars of Ancient Egypt*. The Oriental Institute of the University of Chicago. Studies in Ancient Oriental Civilization No 26. Chicago: The University of Chicago Press, 1950.

Parry, J.H. *The establishment of the European hegemony: 1415 – 1715*. New

York: Harper & Row, Publishers, 1961, 1966.

Popper, Karl R. *The poverty of Historicism*. New York: Harper & Row, Publishers, 1964.

Preiswerk, Roy, & Dominique Perrot. *Ethnocentrism and History: Africa, Asia and Indian America in Western Textbooks*. New York, London, Lagos: Nok Publishers, 1978.

Quirke, Stephen. *Who were the Pharaohs? A history of their names with a list of cartouches*. British Museum I Dover Books, Inc., New York, 1990.

Rabb, Theodore K & Robert I. Rotberg (eds.). *The New History: The 1980s and Beyond: Studies in Inter-Disciplinary History*. Princeton: Princeton University Press, 1982.

Rader, Melvin. *Marx's Interpretation of History*. New York: Oxford University Press, 1979.

Ranger, T.O. (ed.). *Emerging themes of African History: Proceedings of the International Congress of African historians held at University College, Dar es Salaam, October 1965*. London: Heinemann Educational books Ltd., 1968.

Redford, Donalk B. *Pharaonic king-lists, Annals and Day-books: a contribution to the study of the Egyptian sense of history*. SSEA Publication IV, Benhen Publications, Mississauga, 1986.

Ricoeur, Paul. *Time and Narrative. 3 volumes.* [*Temps et Recit, 1983, tr. Kathleen McLaughlin and David Pellauerl*.] London: University of Chicago Press, 1985, 1988, 1990.

Rodney, Walter. *How Europe Underdeveloped Africa*. London: Bogle-l'Ouverture Publications, 1972, 1976, 1978.

Rosenthal, Franz. *A History of Muslim Historiography*. 2nd Edition, Leiden: E.J. Brill, 1968.

Rosenthal, Franz (tr.). *Ibn Khaldun. The Muqaddimah: An Introduction to History*. 3 volumes. Princeton: Princeton University Press, 1958, 1967.

Saad, Elias N. *Social history of Timbuktu: The role of Muslim scholars and notables 1400 – 1900*. Cambridge: Cambridge University Press, 1983.

Salama, P. "The Sahara in classical antiquity". *Unesco General History of Africa. II. Ancient Civilizations of Africa*, G. Mokhtar (ed), 1981, pp.513 – 532.

Sanders, Edith R. "Hamitic hypothesis, its origin and functions in time perspective", *Journal of African History*, 10, 4, 1969, pp.521 – 532.

Sarder, Ziauddin. *The future of Muslim Civilisation*. London: Croom Helm, 1979.

Saunders, J.J. "Rashid al-Din, the First Universal Historian", *History Today*, Vol. XXI, no 7, July 1971, pp.465 – 472.

Seligman, C.G. *Races of Africa*. New York: Oxford University Press, 1966 (1930, 1939, 1957).

Simpson, William Kelly (ed.). [trs. R.O. Faulkner, Edward F. Wente Jr. and W.K. Simpson]. *The Literature of Ancient Egypt: An Anthology of Stories, Instructions, and Poetry*. New Edition. New Haven & London: Yale University Press, 1973.

Slater, Henry. "Dar Es Salaam and post-nationalist historiography of Africa", B. Jewsiewicki & D. Newbury (eds.), *African Historiographies*, 1986, pp.249 – 260.

Smith, Abdullahi. "The early states of the Central Sudan", in J.F. Ade Ajayi & Michael Crowder (eds.), *History of West Africa*, 2nd Edition, London: Longman Group Ltd., 1971, 1976, pp.152 – 195.

Stoianivich, Traian. *French Historical Method: The 'Annales' Paradigm*. Ithaca, 1976.

Sumner, Claude. "Ethiopia: Land of diverse expressions of philosophy, birthplace of modern thought", *African Philosophy*, Claude Summer (ed.). Addis Ababa, 1980, pp.393 – 400.

Talbi, M. "The independence of the Maghrib", *Unesco General History of Africa II, Africa from the 7th to the 11th century*, 1988, pp.246 – 275.

Tamrat, Taddesse. "Ethiopia, the Red Sea and the Horn", *The Cambridge History of Africa, Volume 3, from c. 1050 to c. 1600*, Roland Oliver (ed.), 1977, pp.99 – 182.

Tamrat, T. "The horn of Africa: the Solomonids in Ethiopia and the states of the Horn of Africa", *Unesco General History of Africa. IV, Africa from the 12th to the 16th century*. D.T. Niane (ed.). 1984, pp.423 – 454.

Taylor, John H. *Egypt and Nubia*. Harvard University Press for British Museum, 1991.

Tempels, P. *Bantu Philosophy*. Paris: Presence Africaine, 194511959.

Temu, Arnold & Bonaventure Swai. *Historians and Africanist History: a critique. Post-Colonial historiography examined*. London: Zed Press, 1981.

Thompson, L.M. "Afrikaner nationalist historiography and the policy of apartheid", *Historians in Tropical Africa*. Salisbury: University College of Rhodesia and Nyasaland. 1962, pp.371 – 386.

Trimingham, J. Spencer. *A History of Islam in West Africa*. London: Oxford University Press, 1962.

Unesco. *The Historiography of Southern Africa: Proceedings of the Expert Meeting held at Gaborone, Botswana, from 7 to 11 March 1977*. Paris: Unesco, 1980.

Usman, Yusufu Bala. "History and the basis for Nigerian unity". *For the liberation of Nigeria*. London: Beacon, 1979, pp.32 – 39.

Usman, Yusufu Bala. *The Transformation of Katsina, 1400 – 1883*. Zaria; Ahmadu Bello University Press Ltd., 1981

Vansina, Jan. *Living with Africa*. Madison: The University of Wisconsin Press, 1944.

Vansina, Jan. *Oral Tradition: A Study in Historical Methodology*. Chicago, 1961/1965.

Vansina, Jan. *Oral Tradition as History*. Madison & London: 1985.

Vansina, Jan. *Paths in the Rainforests: Towards a history of political tradition in Equatorial Africa*. Madison: The University of Wisconsin Press, 1990.

Verhaegen, Benoit. "The method of 'Histoire Immediate': its application to Africa", B. Jewsiewicki & D. Newbury (eds.), *African Historiographies*, 1986, pp.236 – 248.

Waddell (tr.). *The Aegyptiaca of Manetho: Manetho's history of Egypt*. Harvard & London, 1971.

Walsh, W.H. *An Introduction to Philosophy of History*. London, 1951.

Ward, William A. "The present status of Egyptian chronology". *Bulletin of the American Schools of Oriental Research*, no 288, November 1992, pp.53 – 66.

Whiteley, Wilfred. *Swahili: The rise of a national language*. London: Methuen & Co. Ltd., 1969, 1973, 1974, 1975.

Wilks, Ivor. "The transmission of Islamic Learning in the Western Sudan",

Literacy in Traditional Societies, edited by Jack Goody. Cambridge, 1968, pp.162 – 197.

Wilson, John A. "Egypt", *The intellectual adventure of ancient man: an essay on speculative thought in the Ancient Near East*. H. & H.A. Frankfort (Eds.). Chicago: University of Chicago Press, 1946.

Wiredu, Kwesi. "The concept of Truth in the Akan language", in P.O. Bodurin (ed.), *Philosophy in Africa*. Ile-Ife, 1985, pp.43 – 54.

Wolf, Erie R. *Europe and the People Without History*. Berkeley: University of California Press, 1982.

Wrigley, C.C. "Historicism in Africa: Slavery and State Formation", *African Affairs*, Vol. 70, no 279, 1971, pp.113 – 124.

◀ 后　记 ▶

非洲历史的撰写和其他大陆历史的撰写具有同样悠久的历史，这一点越来越被人们所认可。非洲史学也是全球史学的不可缺少的组成部分，不过，国内对非洲史学的研究还相当薄弱，至今没有一本非洲史学史问世。

2014年以来，译者在承担国家社科基金"20世纪非洲史学和史学家研究"课题的研究之后，萌发了翻译一本非洲史学史的想法。之所以选择尼日利亚历史学家埃比戈贝里·乔·阿拉戈撰写的《非洲史学实践——非洲史学史》，是因为这本书将非洲史学发展史简明扼要地展现在读者的面前，勾勒出非洲史学实践的轮廓。尤其值得肯定的是，本书从非洲内部的角度探索非洲史学史，对非洲史学的口述史传统、内部文献传统和伊斯兰传统进行了很好的揭示，同时，就西方传统对非洲史学的影响以及非洲史学的转型作者都作了很好的分析。作者对于20世纪下半叶以来非洲史学失去自己的传统而感到十分的担忧，提出要创造出"焕然一新的非洲史学"。当作者得知我们翻译本书时，他很高兴地写了中文版《序言》，并且对于文中阿拉伯词汇的翻译提供了帮助。

本书的翻译是集体协作完成，上海师范大学非洲研究中心的博士生郑晓霞翻译前言和第三、第四章，硕士生王勤翻译第一、第二章，硕士生胡皎玮翻译第五、第六章。全书由张忠祥、郑晓霞译校和统稿。

本书的出版得到多方面的支持。首先，本书是国家社科基金"20世纪非洲史学和史学家研究"的阶段性成果，在此，我们感谢国家社科基金的资助；其次，本书出版得到上海师范大学校级科研项目的资助，对陈恒教授的大力支持我们深表感谢；再次，本书能够顺利出版，还得到上海社会科学院出版社的大力支持，对于路征远博士（副编审）的付出我们表示感谢。

张忠祥

2016年5月1日

图书在版编目 (CIP) 数据

非洲史学实践:非洲史学史/(尼日利)乔-阿拉戈
(Ebiegberi Joe Alagoa)著;郑晓霞,王勤,胡皎
玮译.—上海:上海社会科学院出版社,2016
书名原文:The Practice of History in Africa: A
History of African Historiography
ISBN 978-7-5520-1501-0

Ⅰ.①非… Ⅱ.①乔… ②郑… ③王… ④胡… Ⅲ.
①史学史—研究—非洲 Ⅳ.①K094

中国版本图书馆 CIP 数据核字(2016)第 159858 号

Copyright © Ebiegberi Joe Alagoa, 2006
First published in 2006 in Nigeria by Onyoma Research Publications
上海市版权局著作权合同登记号:图字09-2016-501

非洲史学实践——非洲史学史

著　　者:〔尼日利亚〕 埃比戈贝里·乔·阿拉戈
译　　者:郑晓霞　王　勤　胡皎玮
译　　校:张忠祥　郑晓霞
责任编辑:路征远
封面设计:梁业礼
出版发行:上海社会科学院出版社
　　　　　上海顺昌路622号　邮编 200025
　　　　　电话总机021-63315900　销售热线021-53063735
　　　　　http://www.sassp.org.cn　E-mail: sassp@sass.org.cn
排　　版:南京展望文化发展有限公司
印　　刷:上海信老印刷厂
开　　本:710×1010毫米　1/16开
印　　张:10.25
字　　数:170千字
版　　次:2016年7月第1版　　2016年7月第1次印刷

ISBN 978-7-5520-1501-0/K·355　　　定价:48.00元